Gestión Ambiental y Desarrollo Sostenible

Miguel Ángel Sánchez Maza

ic editorial

Gestión Ambiental y Desarrollo Sostenible

1ª Edición

Editado por: IC Editorial
c/ Cueva de Viera, 2, Local 3
Centro Negocios CADI
29200 Antequera (Málaga)
Teléfono: 952 70 60 04
Fax: 952 84 55 03
Correo electrónico: iceditorial@iceditorial.com
Internet: www.iceditorial.com

ISBN: 979-13-7027-077-3
Depósito Legal: MA 1814-2025

Impresión: PODiPrint
Impreso en Andalucía – España

Nota de la editorial: IC Editorial pertenece a Innovación y Cualificación S. L.

Índice

Unidad Didáctica 1

Nociones generales sobre medio ambiente

Contenido

1. El concepto de medio ambiente

Los problemas de la degradación de la naturaleza, la contaminación o el deterioro del paisaje y los sistemas ecológicos, unido a las consecuencias de todo ello para las condiciones de vida de los seres humanos han consolidado el uso del término **medio ambiente.**

Al pensar en medio ambiente, en una primera aproximación, se suele relacionar al medio natural (árboles, animales, montañas,...) pero se tiende a olvidar algo muy importante, que es el componente social que lleva implícito dicho término. El medio ambiente no solo alberga a los recursos naturales que lo componen sino también al ser humano (componente social), que, además de formar parte de él, es también el factor más influyente.

Es importante, por tanto, conocer que el medio ambiente es un sistema formado por elementos naturales y antrópicos que se encuentran interrelacionados entre ellos. Se trata del entorno que condiciona la forma de vida de la sociedad e incluye los valores naturales, sociales y culturales que existen en un lugar y momento determinado.

Esquemáticamente, el medio ambiente puede ser comprendido como el sistema constituido por elementos y procesos identificados por los siguientes factores:

- El ser humano, la flora y la fauna.
- El suelo, el agua, el aire, el clima y el paisaje.
- Los bienes materiales y el patrimonio cultural.
- La interacción de todos estos factores.

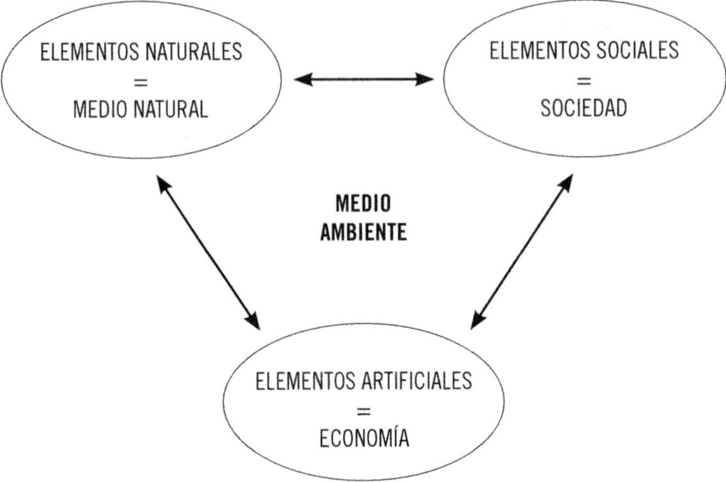

La definición, generalmente, más aceptada, y conocida del término medio ambiente se corresponde con la siguiente:

> *Sistema constituido por factores físicos, biológicos, económicos, sociales, culturales y estéticos que interactúan entre sí, con el individuo y con la comunidad en la que viven, determinando la forma, el carácter, el comportamiento y la supervivencia de ambos.*
>
> Evaluación del Impacto Ambiental
> Domingo Gómez.

Las relaciones que se establecen en un medio ambiente dado entre seres vivos, sus recursos naturales y su forma de interactuar, se denomina ecosistema. Dependiendo de la presencia o acción del ser humano, se puede hablar de ecosistemas naturales (bosques, selvas, montañas, etc.) o artificiales (ciudades, embalses, cultivos agrícolas, etc.).

Actualmente se pone en relieve la importancia de estas relaciones valorando los servicios ecosistémicos que el medio ambiente natural ofrece al ser humano para su supervivencia, al proporcionar alimentos nutritivos y agua limpia, regular las enfermedades y el clima así como apoyar la polinización de los cultivos y la formación de suelos u ofrecer beneficios recreativos, culturales y espirituales.

No obstante, es importante señalar que la aceptación del concepto de medio ambiente variará en función de la perspectiva con la que sea analizado. Así se puede establecer que desde la perspectiva de las actividades humanas el medio ambiente puede entenderse como:

- **La fuente de recursos naturales:** el medio ambiente abastece al ser humano de materias primas y energía, las cuales necesita para su desarrollo en el planeta. No obstante, solo una parte de estos recursos son renovables, por lo que el ser humano tendrá que hacer con ellos un tratamiento cuidadoso y respetuoso, con el objetivo de evitar una utilización de los mismos que nos conduzcan a situaciones irreversibles. Para ello, los recursos naturales se utilizarán por debajo de sus tasa de renovación, con un ritmo asimilable por el medio ambiente, o con una intensidad de uso asumible y coherente, en el caso de los recursos no renovables.
- **El soporte de actividades:** el medio ambiente presenta una determinada capacidad de acogida para cada actividad que se desarrolla en su seno. Para cualquier ecosistema la capacidad de acogida debe ser lo suficientemente elevada como para que no genere consecuencias irreparables.
- **El receptor de efluentes:** el medio ambiente es el receptor de vertidos, emisiones, residuos no deseados, etc., por este motivo es importante tener en cuenta la capacidad de asimilación del mismo, ya que la velocidad de emisión de efluentes sobre él siempre deberá ser más baja que la tasa de asimilación, sino se produjera de esta forma, se generarán (como ya está ocurriendo) graves consecuencias.

Teniendo en cuenta esta percepción del medio ambiente, cada vez se estudian y tienen más en cuenta los servicios ecosistémicos que este nos provee. Algunos son fundamentales para nuestra subsistencia como son el abastecimiento de alimentos, de agua dulce y oxígeno, así como las materias primas. También ofrece servicios importantes como el de regulación del clima y la calidad del aire tanto a nivel local como global.

Pero cabe destacar que desde siempre, la relación del hombre con su entorno le provee también de servicios culturales. Estos son los beneficios no materiales que las personas obtienen de los ecosistemas como puede ser la inspiración estética, la identidad cultural, el sentimiento de apego al terruño y la experiencia espiritual relacionada con el entorno natural.

A modo de resumen se puede definir al medio ambiente como todo aquello que nos rodea, y que comprende no solo a los elementos del medio natural (árboles, flores, agua), sino también a elementos sociales (aquellas cosas que son producto del hombre y que lo incluyen, por ejemplo: costumbres de un pueblo, creencias...) y elementos artificiales (casas, coches, basuras...), así como todas las interrelaciones de estos factores entre sí.

1.1. Componentes del medio ambiente

Se pueden diferenciar dos grandes grupos de componentes del medio ambiente, estos son los componentes bióticos y abióticos.

Componentes bióticos

Los componentes bióticos del medio ambiente son aquellos que incluyen a todos los seres que tienen vida, ya sean animales o plantas, bacterias, etc.

El concepto de biótico hace referencia a lo característico de los seres vivos o lo que está vinculado a ello. La flora y la fauna representan los componentes vivos o bióticos del medio ambiente.

Entre la flora y la fauna existe una dependencia muy estrecha, basada en leyes naturales que rigen la estructura y funciones de las asociaciones de seres vivos. Entre los componentes bióticos más importantes, se pueden destacar:

Fauna

Al hablar de fauna nos referimos al conjunto de animales en sus diferentes clasificaciones, como mamíferos, reptiles, aves, etc. que habitan en una región determinada.

Para el conocimiento de la fauna se parte del conocimiento taxonómico y de la distribución de las especies en los tres ambientes de vida: terrestre, acuático y aéreo.

La fauna puede dividirse en fauna silvestre (no necesita del hombre para su alimentación y desarrollo) fauna doméstica (especies sometidas al dominio del hombre). Algunos expertos también hablan de fauna en proceso de domesticación, para referirse a aquellos animales silvestres, que criados por el hombre, pierden sus características salvajes.

La diversidad de fauna depende de la capa vegetal, de la presencia de otros animales, de la existencia de fuentes de agua, de factores topográficos y fisiográficos y de la acción del hombre entre otros aspectos.

El objetivo del estudio de la fauna se orienta principalmente hacia las especies que conforman poblaciones estables e integradas en comunidades también estables sin incluir los animales domésticos.

Se conoce como *especie nativa o autóctona* a la especie que aparece en una región como resultado de un fenómeno natural, sin la intervención del ser humano. *La especie foránea o exótica* es aquella especie no nativa que fue introducida en un ecosistema por el hombre, ya fuera de manera accidental o deliberada. Las *especies invasoras* son aquellas que lograron establecerse en una nueva región, dónde generarán cambios en la composición del ambiente.

A partir de la fauna, el hombre se provee de alimentos, y materiales para distintos usos como pieles, aceites, y demás. De hecho, algunas especies de mamíferos que anteriormente se encontraban en abundancia son cada vez más escasas debido a la fuerte presión antrópica que se ejerce sobre ellas degradando su nicho, dejando condiciones impropias de habitabilidad.

Flora

La flora es el conjunto de especies vegetales que pueblan un territorio o una región geográfica, consideradas desde el punto de vista sistemático. La flora será rica o pobre según la región geográfica considerada posea muchas especies vegetales o escaso número de ellas.

El conjunto de flora es de muy variable amplitud, según el punto de vista desde el que se considere. Así, incluso, se puede hablar de flora específica de un país determinado. Pero el concepto de flora puede ser aún más localista o determinista, como cuando se habla de flora intestinal para designar al conjunto de bacterias intestinales, o de flora venenosa, término con que se designa el conjunto de especies vegetales que revisten ese carácter, etc.

Por otro lado, se pueden distinguir seis reinos florales, y en estos a la vez terrenos florales menores (regiones, etc.), los cuales presentan una flora que les es característica. Estos reinos florales son: el holártico, paleotrópico, neotrópico, australiano, capense y el antártico.

Distribución de los reinos florales

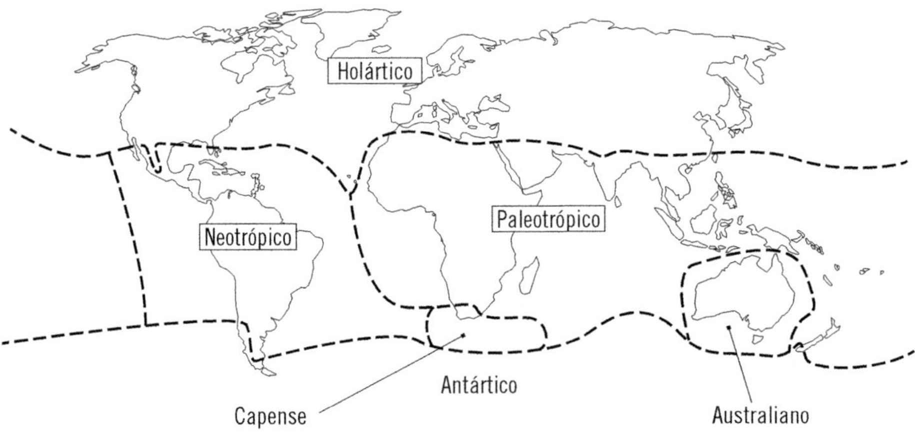

No hay que confundir el concepto de flora con el de vegetación, ya que mientras la primera se refiera al número de especies distintas que existen en un territorio, la segunda se refiera al conjunto de plantas que lo cubren. Un país puede tener una flora muy pobre y ser rico en cuanto a vegetación.

Se puede clasificar a la flora como flora nativa (autóctona de una región; crece sin la intervención humana), la flora agrícola o de jardín (cultivada por el hombre) y flora de maleza (aquellas especies consideradas como indeseables).

Un concepto muy importante a tener en cuenta al hablar de factores bióticos como la flora y la fauna, es el de biodiversidad. Cada vez tiene una implicación más fundamental en las políticas y programas de gestión y conservación del medio ambiente. En el año 1992 el Convenio sobre Diversidad Biológica de 1992, la definió como:

> *La variabilidad de organismos vivos de cualquier fuente, incluidos, entre otros, los ecosistemas terrestres y marinos y otros sistemas acuáticos, y los complejos ecológicos de los que forman parte; comprende la diversidad dentro de cada especie, entre las especies y de los ecosistemas.*

Dentro de esta, podemos hablar de distintos conceptos como por ejemplo la biodiversidad natural, cultivada o genética.

La biodiversidad ofrece servicios ecosistémicos como son la alimentación, refugio y recursos materiales, entre otros. Uno de vital importancia son los recursos medicinales para usos farmacéuticos aportados por la diversidad de especies vegetales y microorganismos que habitan nuestros ecosistemas.

Características de los factores abióticos

Los factores abióticos o físicos son los componentes no vivos del medio ambiente que rodean a las especies y que les permiten vivir. Constituyen recursos esenciales para los seres vivos como son la luz solar, el agua, el aire, materia inorgánica o los minerales del suelo y las rocas.

Son los que determinan qué tipos de organismos pueden sobrevivir en un lugar determinado. Podemos decir que la combinación de estos determina principalmente los distintos ecosistemas con su flora y fauna características.

A su vez los factores abióticos de un determinado lugar son los responsables de las distintas adaptaciones de los organismos vivos a las condiciones que ofrecen.

Los factores abióticos son el aire, el agua, el sol y el suelo, entre otros. Estos configuran el denominado **biotopo** mientras que los componentes bióticos constituyen la **biocenosis** que es el conjunto de las distintas especies de seres vivos que conviven en un mismo sitio.

El biotopo es el espacio físico donde se desarrolla la biocenosis y puede dividirse en edafotopo (la tierra), el climátopo (las características climáticas) y el hidrótopo (los factores hidrográficos).

Agua

El agua, al mismo tiempo que constituye el líquido más abundante en la Tierra, representa el recurso natural más importante y la base de toda forma de vida.

Otro aspecto que define el agua como un recurso indispensable, son las diferentes funciones que ejerce. Todas ellas son vitales para la salud del planeta y de los diferentes ecosistemas que lo componen, sean acuáticos o no.

El agua constituye más del 80 % del cuerpo de la mayoría de los organismos, e interviene en la mayor parte de los procesos metabólicos que se realizan en los seres vivos. Desempeña de forma especial un importante papel en la fotosíntesis de las plantas y, además, sirve de hábitat a una gran parte de la biodiversidad marina, de lagos, ríos, etc.

Nota

España cuenta con una amplia superficie marina y es uno de los países europeos con mayor diversidad biológica marina.

Suelo

El suelo es la cubierta superficial que cubre la tierra. Está compuesto principalmente por factores abióticos como son los minerales, partículas de materia orgánica proveniente de restos de seres vivos, aire y agua. Además, es el hábitat de un conjunto de micro, meso y macro organismos que en conjunto son los responsables de mantener la vida que se sostiene en su superficie.

Actualmente gracias a las investigaciones sobre la función del suelo como un ecosistema, se da mucha importancia a este componente biológico del suelo incorporando el concepto de suelo vivo o biodiversidad del suelo.

El suelo este compuesto por:

- Minerales: 45 %
- Aire: 25 %
- Agua: 25 %
- Materia orgánica: 5 %

El proceso de formación del suelo se llama meteorización y consiste en la transformación de las alteraciones que sufren las rocas, hasta llegar a constituir el suelo. Este proceso consiste en el deterioro y transformación que se produce en las rocas durante largos periodos de tiempo al fragmentarse por diferentes factores (físicos, químicos o biológicos) como son por la acción del agua, los cambios de temperatura y el viento. La contabilización de la formación del suelo se cuenta en años geológicos ya que su formación es un proceso lento que lleva miles de años.

La acción de la lluvia, el agua, el hielo, el viento y las temperaturas van creando pequeñas grietas en las rocas fragmentándolas y arrastrando a las partes bajas, donde la acción de las plantas y microrganismos va permitiendo la acumulación de nutrientes. Estos permiten que se renueve el ciclo de la vida sobre el mismo. Así se van formando y evolucionando los suelos por acción del clima y los microorganismos (hongos, bacterias, levaduras y animales como las lombrices) los cuales aportan y liberan los nutrientes que, junto con las partículas minerales, el agua y el aire del suelo permiten que las plantas inicien el ciclo de la vida en el planeta.

Por lo tanto, la composición del suelo cambia dependiendo del clima, del material geológico o roca madre y de la vegetación de cada lugar y su topografía.

Gran parte del suelo del planeta también se ha visto alterado y transformado por los cambios artificiales resultantes de las actividades humanas. La actividad humana que mayor influencia ha tenido en el suelo desde su inicio es la agricultura, aunque en los últimos 50 años la gran industrialización, la intensificación de la deforestación y otras acciones humanas han alterado la dinámica de creación natural de los suelos privándolo de su cubierta vegetal y de su vida interior afectando a su fertilidad y por lo tanto a sus servicios ecosistémicos.

Luz

La luz es un factor abiótico esencial del ecosistema, dado que constituye el suministro principal de energía para todos los organismos. La energía luminosa es convertida por las plantas en energía química gracias al proceso llamado fotosíntesis. Esta energía química es encerrada en las sustancias orgánicas producidas por las plantas iniciando el ciclo de la vida, al ser estas consideradas como los productores, dentro de las relaciones que se establecen en la cadena alimentaria de un ecosistema.

La luz solar es fundamental para la vida en nuestro planeta y regula muchas de las funciones vitales de los seres vivos más allá de la fotosíntesis de las plantas. Por ejemplo, induce a nuestro organismo a fijar la vitamina D que es fundamental para mantener un sistema inmune adecuado.

La luz visible no es la única forma de energía que nos llega desde el Sol. El Sol nos envía varios tipos de energía, desde ondas de radio hasta rayos gamma. La luz ultravioleta (UV) y la radiación infrarroja (calor) se encuentran entre estas formas de radiación solar. Siendo estas últimas las responsables de aportarnos calor y temperatura, que son factores ecológicos muy valiosos para los seres vivos y el medio ambiente.

Clima

El clima es el conjunto de condiciones atmosféricas propias de un lugar, caracterizado por factores como la cantidad y frecuencia de lluvias, la humedad, la temperatura, los vientos, etc., y cuya acción compleja influye en las condiciones para el desarrollo de la vida en el mismo. Para su determinación se tienen en cuenta el promedio de las condiciones observadas por un periodo de 10 a 30 años.

Es común referirse al tiempo atmosférico, pero este se refiere a la condición de la atmósfera en un momento y lugar determinado, lo cual puede variar de un momento a otro o de un lugar a otro. Mientras que el clima suele ser más constante y determina condiciones propias de un lugar.

Nota

La Real Academia Española de la Lengua define clima como: *Conjunto de condiciones atmosféricas que caracterizan una región.*

2. El medio ambiente y el ser humano

El ser humano es, en teoría, solo una especie más. Sin embargo, su gran capacidad para explotar los recursos naturales y su dominio sobre la energía, lo convierten en una especie diferente a las demás.

La relación del ser humano con el medio ambiente ha ido cambiando a lo largo de su historia, de acuerdo con el incremento de su población y con el desarrollo de la tecnología.

Como ya se ha visto, el medio ambiente nos provee de todos los recursos necesarios para la vida. A lo largo de la historia, el hombre cada vez ha hecho un uso más intensivo de estos recursos. Actualmente estamos ante una situación de emergencia climática, debido a la alteración del medio ambiente por las actividades productivas, industriales extractivas, que han producido las condiciones de habitabilidad del mismo y las condiciones climáticas. El agotamiento de los recursos naturales por el uso intensificado de los mismos frente a la escasa tasa de renovación y sumado a la alta tasa de contaminación, hace que seamos la especie que más ha alterado el entorno y el medio ambiente.

Esta evidencia innegable de nuestra acción sobre el medio ambiente ha hecho que actualmente se esté cambiando la forma de relacionarnos con nuestro entorno y valorar que somos parte de un gran ecosistema, por lo que comprender las interrelaciones entre todos sus componentes y su funcionamiento es clave para nuestra supervivencia como especie y la del planeta.

A lo largo de la historia, se pueden distinguir tres grandes fases a modo de relación humanidad/medio ambiente. Aunque estas tres grandes fases no proporcionan una visión totalmente exacta desde un punto de vista cronológico, en la actualidad coexisten las fases precedentes, debido al diferente nivel alcanzado en el desarrollo técnico-cultural de los distintos grupos que pueblan la Tierra, estas fases son las siguientes:

- Fase de caza-recolección. Uso sin transformación del entorno.
- Fase agrícola-ganadera. Uso con transformación limitada del entorno.
- Fase industrial-tecnológica. Uso con transformación generalizada del entorno.

2.1. Fase de caza-recolección. Uso sin transformación del entorno

En esta etapa, la de mayor duración con mucha diferencia de la existencia humana, el ser humano era nómada, cazador y recolector, empleando su fuerza muscular y todo su tiempo en la satisfacción de sus necesidades alimentarias. Durante mucho tiempo la única fuente de energía fue la solar, en forma de alimentos.

En un principio, para la obtención de comida el ser humano solo empleaba su propio cuerpo, por lo que su capacidad de cosechar estaba muy limitada por mecanismos físicos, tales como velocidad de desplazamiento para capturar una presa o posibilidad de trepar para obtener frutos. Por ello, su acción sobre el medio no fue más notable que la de cualquier otro mamífero.

Sabía que...

Este tipo de hombre era denominado Hombre de Neandertal. Surgió hace unos 230.000 años y se alimentaba de grandes animales como los mamuts.

Con el paso del tiempo empezó a utilizar herramientas (inicialmente muy sencillas, como palos y piedras, pero progresivamente más complejas y eficaces) con lo que su capacidad cosechadora se incrementó notablemente, ocupando nichos ecológicos que inicialmente correspondían a otras especies. Por otra parte el dominio del fuego, que usaba para calentarse, cocinar y defenderse de otros animales, constituyó una auténtica revolución en su historia y supuso la utilización de recursos energéticos como la madera.

En tales condiciones la población humana se mantenía en un equilibrio dónde el aumento implicaba una disminución de los alimentos disponibles, lo que se traducía en un mayor número de muertes por desnutrición. Se calcula que al final de este periodo, los seres humanos repartidos por el mundo apenas superarían los 5 millones de individuos, y su influencia sobre el ambiente era apenas superior a la de cualquier otra especie.

Durante esta etapa el impacto causado era muy bajo: el ser humano se comportaba como un depredador más, pues aunque se le achaca la desaparición de ciertas especies animales (bisontes, búfalos, mamuts, etc.), fue el cambio climático el principal responsable de dichas desapariciones y la acción del hombre solo aceleró sus efectos.

2.2. Fase agrícola-ganadera. Uso con transformación limitada del entorno

El panorama anterior cambió radicalmente hace unos 10.000 años con la aparición de la agricultura y la ganadería. Auténtica revolución que acabó con la dependencia directa de la naturaleza para obtener alimento, y que tuvo como consecuencia que las poblaciones fueran haciéndose cada vez más sedentarias. Una diferencia fundamental, en su relación con el ambiente, entre poblaciones nómadas y sedentarias, es que las primeras explotaban una amplia gama de ambientes y lugares, mientras que las segundas se limitaban a unos pocos ambientes próximos a sus residencias, por lo que su explotación fue muy intensa.

La agricultura posibilitó la producción de un excedente de alimentos y paralelamente la domesticación de algunas especies de animales facilitó la utilización de máquinas rudimentarias, el transporte y el desplazamiento.

Una de las consecuencias fue que parte de la población pudo dedicarse a actividades distintas a la adquisición de alimentos, y, con ello, se inició un importante desarrollo tecnológico: el descubrimiento de los metales e invención de utensilios revolucionarios como el arado, el carro de ruedas, variedad de armas, etc.

Como fuentes de energía, además de las utilizadas en la etapa anterior, se añaden la tracción animal y las energías hidráulica y eólica (molinos de agua y viento, buques de vela, etc.).

Tracción animal

Todo ello supuso un importante crecimiento poblacional, con el desarrollo de grandes ciudades y sociedades cada vez más complejas con trabajos especializados, durante esta etapa por ejemplo se realizan importantes obras de construcción, se inicia el comercio a gran escala, etc.

El resultado fue una mejora sustancial de la calidad de vida, pero, el mantenimiento de una población en crecimiento, implicó unas necesidades de alimentos y de otros recursos cada vez mayores.

La agricultura-ganadería ha sido y sigue siendo, uno de los mecanismos más importante de transformación ambiental: deforestaciones masivas para dedicar los terrenos al cultivo y al pastoreo con la consiguiente degradación del suelo, construcción de sistemas de regadío y vías de comunicación, etc.

Cuando se inició la agricultura y se extendió por todo el mundo, la población creció de una manera espectacular, de modo que al llegar el año 3.000 a. C. se habían alcanzado los 100 millones de personas. Una vez establecida la vida agrícola, continuó el crecimiento pero a un ritmo significativamente más lento, de modo que a mediados del siglo XVII la población era de unos 500 millones.

Por todo ello, en esta época la acción humana sobre la naturaleza fue intensa y una de las causas de la creciente degradación ambiental, pero restringida a las zonas más pobladas del planeta, quedando amplias regiones sin sufrir de manera importante influencia antrópica.

2.3. Fase industrial-tecnológica. Uso con transformación generalizada del entorno

El creciente agotamiento de los recursos forestales condujo al descubrimiento de una nueva y más potente fuente de energía: el carbón. Lo que permitió, a mediados del siglo XVIII, la invención de la máquina de vapor y el inicio de la revolución industrial, que supuso un profundo cambio en la vida humana y en sus relaciones con la naturaleza. A partir de este hecho se crean fábricas que atraen a un elevado número de emigrantes, con lo que se desarrollan grandes urbes, se mejoran las técnicas agrícolas y ganaderas, dedicándose cada vez más terrenos a tales menesteres, con lo que se incrementa la producción de alimentos, etc.

Desde el descubrimiento de la máquina de vapor el desarrollo tecnológico ha sufrido un ritmo acelerado, basado principalmente en la utilización de recursos energéticos no renovables: carbón, petróleo, gas natural y combustibles nucleares.

El aumento de la producción de alimentos y otros bienes, así como la paulatina mejora en las condiciones de vida, tuvo como resultado un pronunciado crecimiento de la población, de manera que en la actualidad está en torno a los 8.000 millones de habitantes.

En la actualidad los grandes progresos científico-tecnológicos, el crecimiento de las industrias, la explosión demográfica y el desarrollo de inmensas urbes dónde vive casi la mitad de la población mundial, han determinado enormes presiones sobre el medio natural a nivel planetario, que pueden conducir a su irreversible degradación y al agotamiento de los recursos.

Cualquier actividad actual humana produce consecuencias a veces catastróficas: contaminación atmosférica, ruidos, alteraciones climáticas, contaminación de ríos, lagos y mares, pérdida de suelo fértil, desertificación, pérdida de biodiversidad, alteración del relieve y del paisaje, acumulación de residuos, etc.

3. Los recursos del medio ambiente

Los recursos naturales son aquellos bienes materiales y servicios que proporciona la naturaleza sin sufrir alteraciones por el hombre.

Estos son valiosos para la sociedad tal y como la conocemos porque contribuyen al bienestar y desarrollo, de manera directa o indirecta. Es decir, constituyen las materias primas, minerales, alimentos; así como los servicios ecológicos, los cuáles son muy importantes para la continuidad de la vida.

Según su disponibilidad en el tiempo, la generación o regeneración y el ritmo de uso o consumo de estos recursos, podemos clasificar a los recursos naturales en renovables, no renovables e inagotables.

3.1. Los recursos naturales renovables

Los recursos naturales renovables son aquellos que pueden recuperarse por sí mismos, pero que deben utilizarse racionalmente para evitar su agotamiento. Ejemplos de recursos naturales renovables son:

El suelo

Uno de los principales recursos que brinda la naturaleza al ser humano es el suelo, ya que en él se desarrolla toda nuestra vida y del cual salen la mayoría de los recursos y servicios ecosistémicos fundamentales, que permiten la vida en la tierra. Algunos de ellos son:

- Retención de carbono (sumidero de CO_2 a través de la cubierta vegetal y la materia orgánica).
- Suministro de alimentos, fibras y combustibles.
- Regula el ciclo del agua (la purifica).
- Reducción de los contaminantes del suelo.
- Regula el ciclo de nutrientes.
- Es hábitat de los seres vivos y microorganismos.

- Regula inundaciones.
- Es fuente de productos farmacéuticos y recursos genéticos.

El suelo es un recurso esencial para la vida , ya que en él crecen y se desarrollan los seres vivos en el medio natural y es sobre este dónde desarrollamos las principales actividades que sostienen las sociedades en la vida actual (agricultura, construcción, industrias, comercios, etc.).

La formación de los suelos depende de un largo y complejo proceso de descomposición de las rocas, en el cuál intervienen factores físicos, químicos y biológicos. La interacción de estos, como factores ecológicos, provoca la desintegración de los minerales que, unidos a los restos de animales y plantas en forma de materia orgánica, originan el suelo.

Los seres vivos intervienen en la destrucción de la roca madre y, además de los agentes climáticos, toman parte en la mezcla de sustancias del suelo, en su distribución horizontal, y añaden a este materia orgánica. Las sustancias de desecho de animales y vegetales, así como los propios cuerpos de estos al morir, son las únicas fuentes de materia orgánica del suelo, que proporciona a este algunos componentes esenciales, lo modifica de diferentes modos, y hace posible el crecimiento de fauna y flora variadas, que de otra manera no podrían existir.

La presencia de distintos tipos de minerales, las variaciones climáticas, la altura sobre el nivel del mar, la latitud geográfica y otros factores, determinan una gran variabilidad de suelos, hecho que se manifiesta en las características físicas y químicas de estos.

El principal problema que afecta al suelo como consecuencia de uso de este por la actividad humana es **la degradación.**

La degradación es el proceso que rebaja la capacidad actual y potencial del suelo para producir, cuantitativa y cualitativamente, bienes y servicios. El principal efecto de la degradación del suelo es que disminuye su capacidad para brindar servicios ecosistémicos y otro tipo de servicios que son indispensables para nuestra vida y para mantener los sistemas y ciclos que regula a nivel ambiental y la consecuencia, ya que es la base de la producción de alimentos.

La degradación del suelo afecta al 20 % de la superficie agrícola mundial y a 1.500 millones de personas, equivalente a una cuarta parte de la población de todo el planeta, según revela un informe elaborado por la Organización para la Alimentación y la Agricultura de la ONU (FAO), el Programa de Naciones Unidas para el medio ambiente (PNUMA) y otros organismos a partir de datos de los últimos 20 años.

Nota

Un centímetro de suelo puede tardar varios cientos de años en formarse a partir de la roca madre, sin embargo, puede degradarse muy rápidamente sino se cuida adecuadamente ya que se mantiene vivo gracias a la capa de vegetación que lo cubre.

La flora y la fauna

La flora y la fauna representan los componentes vivos o bióticos de la naturaleza, los cuales, unidos a los componentes no vivos o abióticos, como el suelo, el agua, el aire, etc., conforman el medio natural.

Entre la flora y la fauna existe una dependencia muy estrecha, basada en leyes naturales que rigen la estructura y funciones de las asociaciones de seres vivos.

Las relaciones de alimentación o relaciones tróficas, determinan las llamadas cadenas alimentarias, en las cuáles los animales herbívoros (los que se alimentan de plantas y otros organismos vegetales) constituyen el alimento básico de otros grupos de animales que, a su vez, servirán de alimento a otros.

Ejemplo de cadena alimentaria

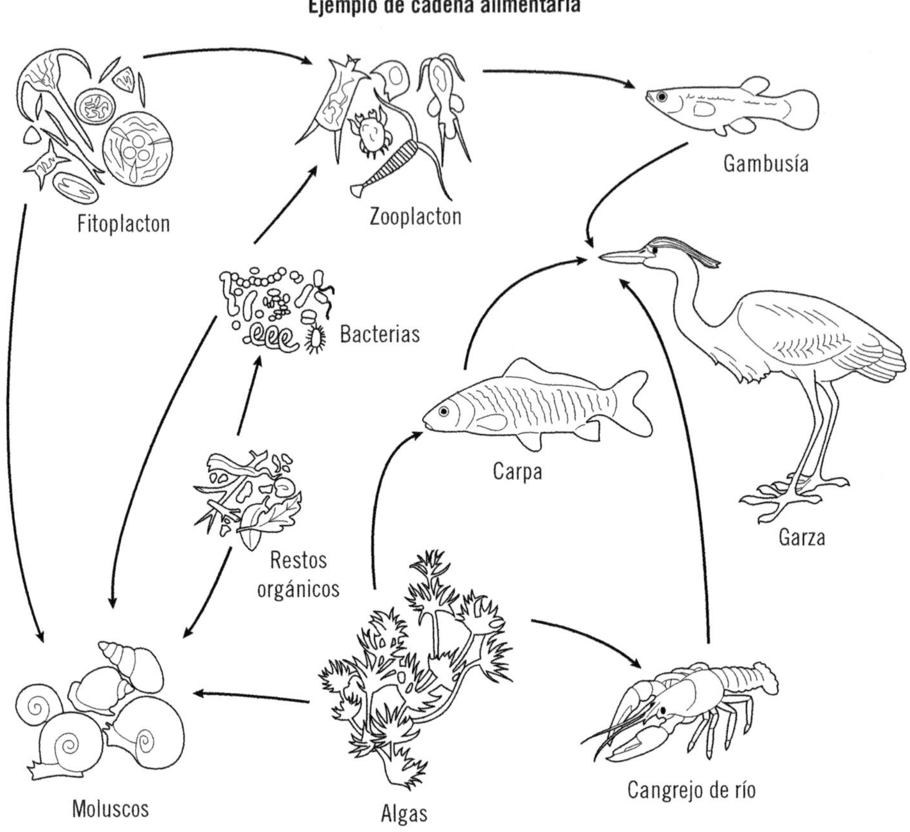

Esto trae como consecuencia que la disminución en número o la desaparición de uno de estos eslabones de la cadena, por causas naturales o por la influencia del ser humano, ponga en peligro todo el sistema, al romperse el equilibrio que caracteriza las relaciones entre el medio biótico y abiótico de la naturaleza.

Por esta razón, la sociedad debe estudiar las relaciones y las leyes que determinan este equilibrio, y convertirse en su máxima protectora, ya que, en sentido general, todas las afectaciones que sufre el medio natural repercuten de uno u otro modo sobre ella.

La flora y la fauna representan recursos naturales renovables, de gran importancia para el hombre. De la flora proviene una gran parte de los alimentos y medicamentos, así como la materia prima para la industria textil, maderera y otras.

A través del tiempo, el ser humano, en su lucha por dominar la naturaleza, aprendió a usar las plantas y los animales para subsistir, de ellos obtenía alimentos, vestidos y fuego para calentarse. Pero, a medida que las comunidades fueron creciendo, aumentaron de igual modo las necesidades de alimentos, y, por consiguiente, la utilización de la flora y la fauna se incrementó hasta niveles muy por encima de las capacidades de regeneración de la naturaleza.

Por este motivo, desaparecieron grandes mamíferos, que fueron exterminados por el ser humano (mamuts y de otras especies de animales).

El desarrollo de la agricultura hace que se incrementen las áreas de cultivo, en detrimento de las áreas naturales, esto hace que desaparezcan también un gran número de especies de plantas. La fauna, que encuentra en estas áreas naturales su hábitat, es decir, el lugar donde vive y se desarrolla, se ve también cada vez más amenazada.

El desarrollo de la industria, que con sus desechos contamina el medio, afecta de igual forma el medio natural y, por consiguiente, a los sistemas vivientes que en él habitan.

Actualmente, el desarrollo de la sociedad atenta de igual forma contra las especies de animales y vegetales en aquellos países sometidos a la explotación desmedida de los recursos naturales.

En 2011 se inició la década de las Naciones Unidas sobre la Biodiversidad, cuyo objetivo era frenar la extinción de especies cumpliendo los objetivos del Convenio sobre Diversidad Biológica firmado en la denominada "Cumbre de la Tierra", celebrada en Río de Janeiro en junio de 1992. El 29 de diciembre de 1993, fue firmado por 196 países por lo que fue un tratado internacional casi universal.

Sin embargo, en 2020 se confirmó según la ONU, que en ese mismo año habíamos perdido más de una treintena de especies, entre animales y plantas. Demostrando que el ritmo de la pérdida de biodiversidad no ha disminuido; al contrario, ha acelerado, ya que existe una amplia lista de especies en peligro de extinción tanto de flora como de fauna en la actualidad. La cual se verá cada vez aumentada a consecuencia del calentamiento global y el cambio climático.

3.2. Los recursos naturales "inagotables"

Los recursos naturales inagotables son aquellos que el ser humano utiliza en baja proporción respecto a la cantidad existente en la naturaleza. Los recursos inagotables se recuperan o regeneran por sí mismos, por lo que no existe riesgo de extinción o agotamiento. Entre ellos son destacables:

El agua

La vida en la Tierra ha dependido siempre del agua. Las investigaciones han revelado que la vida se originó en el agua, y que los grupos zoológicos que han evolucionado hacia una existencia terrestre, siguen manteniendo dentro de ellos su propio medio acuático, encerrado, y protegido contra la evaporación excesiva.

El ciclo del agua

El agua constituye más del 80 % del cuerpo de la mayoría de los organismos, e interviene en la mayor parte de los procesos metabólicos que se realizan en los seres vivos. Desempeña de forma especial un importante papel en la fotosíntesis de las plantas y, además, sirve de hábitat a una gran parte de los organismos.

Dada la importancia del agua para la vida de todos los seres vivos, y debido al aumento de las necesidades de ella por el continuo desarrollo de la humanidad, la sociedad está en la obligación de proteger este recurso y evitar toda influencia nociva sobre las fuentes del preciado líquido.

No es usual encontrar el agua pura en forma natural, aunque en el laboratorio puede llegar a obtenerse o separarse en sus elementos constituyentes (hidrógeno y oxígeno).

En nuestro planeta las aguas ocupan una alta proporción en relación con las tierras emergidas, y se presentan en diferentes formas:

- Mares y océanos, que contienen una alta concentración de sales y que llegan a cubrir un 71 % de la superficie terrestre.
- Aguas superficiales, que comprenden ríos, lagunas y lagos.
- Aguas del subsuelo, también llamadas aguas subterráneas, por fluir por debajo de la superficie terrestre.

El Objetivo de Desarrollo Sostenible (ODS) 6 trata sobre «garantizar la disponibilidad de agua y su gestión sostenible y el saneamiento para todos». Por lo tanto, se relaciona con los aspectos propios del ciclo del agua así como los sistemas de saneamiento, contribuyendo al desarrollo sostenible y socioeconómico.

El aire

La atmósfera es una capa gaseosa que rodea al globo terrestre. Es una capa transparente e impalpable, y no resulta fácil señalar exactamente su espesor, ya que no posee una superficie superior definida que la limite sino que se va haciendo menos densa a medida que aumenta la altura, hasta ser imperceptible.

La atmósfera está formada por varias capas concéntricas:

- Las capas bajas, que no mantienen una altura constante, y a las que se denomina troposfera y estratosfera.
- Las capas altas, a las que se les da el nombre de ionosfera y exosfera.

Los gases atmosféricos forman la mezcla que se conocen como aire. En las partes más inferiores de la troposfera, el aire está compuesto principalmente por nitrógeno y oxígeno, aunque también existen pequeñas cantidades de argón, dióxido de carbono, neón, helio, ozono y otros gases. También hay cantidades variables de polvo procedentes de la Tierra, y vapor de agua.

Diferentes capas de la atmósfera

EXOSFERA

1

2

500 km *1000°*

TERMOSFERA

2

3

4

80 km *-95°*

MESOSFERA

Inicio de la ionosfera

5

6

Continúa en página siguiente >>

<< Viene de página anterior

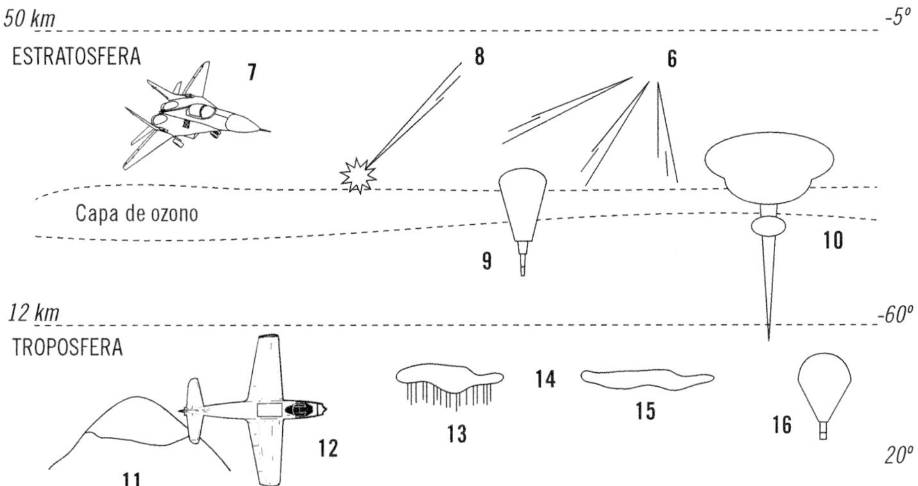

1. Sputnik I
2. Auroras polares
3. Naves en órbita terrestre
4. Nubes luminiscentes
5. Ondas de radio
6. Rayos cósmicos
7. Aviones supersónicos
8. Estrellas fugaces
9. Globos meteorológicos
10. Nubes generadas por explosiones atómicas
11. Monte Everest 8.848 m
12. Aviones a reacción
13. Fenómenos de precipitación
14. Nubes de tipo nimbo
15. Contaminantes
16. Globos tripulados

El oxígeno forma aproximadamente el 21 % de la atmósfera, y es el gas más importante desde el punto de vista biológico. Es utilizado por los seres vivos en la respiración, mediante la que se obtiene la energía necesaria para todas las funciones vitales, también interviene en la absorción de las radiaciones ultravioleta del Sol que, de llegar a la Tierra en toda su magnitud, destruirían la vida animal y vegetal.

La atmósfera es también la fuente principal de suministro de oxígeno al agua, y entre ambas se establece un intercambio gaseoso continuo. Este proceso de intercambio de oxígeno en la biosfera recibe el nombre de ciclo del oxígeno y en él intervienen las plantas, como fuentes suministradoras de oxígeno a la atmósfera, y los seres vivos, incluyendo las propias plantas, como utilizadores de este gas.

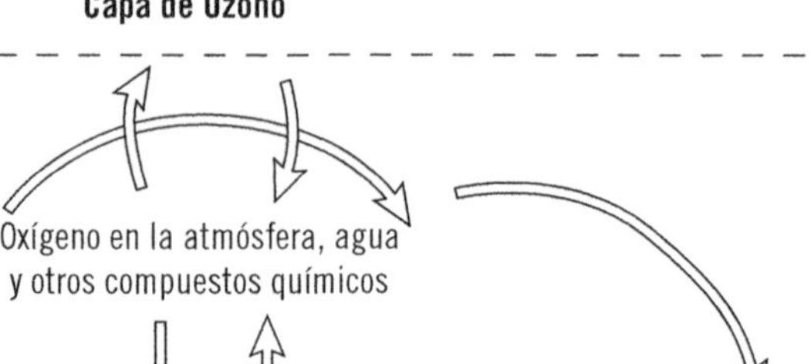

Ciclo del oxígeno

No hay dudas de que la atmósfera constituye un recurso natural indispensable para la vida, y se clasifica como un recurso inagotable. Sin embargo, su capacidad de renovación es limitada, ya que depende de la actividad fotosintética de las plantas, por la que se devuelve el oxígeno a la atmósfera. Por esta razón, es lógico pensar que de resultar dañadas las plantas (por la contaminación del aire o por otras acciones de la actividad humana) es posible que se presente una reducción del contenido de oxígeno en la atmósfera, con consecuencias catastróficas para todos los seres vivos que lo utilizan.

El humo procedente de las industrias o de la combustión junto con el polvo son los principales agentes contaminantes de la atmósfera, los cuales enrarecen el aire y afectan a la salud del hombre y de los seres vivos en general. Existen evidencias que confirman que la contaminación del aire está asociada con enfermedades de tipo respiratorio, incluyendo bronquitis crónica, asma bronquial, etc.

Nota

El aire limpio es un requisito básico de la salud y el bienestar del ser humano y del resto de los seres vivos de este planeta. Su contaminación representa una gran amenaza para todo el mundo.

3.3. Los recursos naturales no renovables

Los recursos no renovables son recursos naturales que no pueden ser producidos, cultivados, regenerados o reutilizados a una escala tal que pueda sostener su tasa de consumo. Estos recursos frecuentemente existen en cantidades fijas y son utilizados mucho más rápido de lo que la naturaleza puede generarlos. Entre ellos nos encontramos a:

Los recursos energéticos

El hombre, desde su existencia ha necesitado la energía para sobrevivir. La **energía** se define como la capacidad de los cuerpos para producir cambios en ellos mismos o en otros cuerpos. Es decir, es la capacidad de hacer funcionar las cosas.

La energía tiene cuatro propiedades básicas:

- **Se transforma:** la energía no se crea ni se destruye solo se transforma, siendo durante dicha transformación cuando se ponen de manifiesto las diferentes formas de energía.
- **Se conserva:** al final de cualquier proceso de transformación energética nunca puede haber más o menos energía que la que había al principio, siempre se mantiene la misma.
- **Se transfiere:** la energía pasa de un cuerpo a otro en forma de calor, ondas o trabajo.
- **Se degrada:** solo una parte de la energía transformada es capaz de producir trabajo y la otra se pierde en forma de calor o ruido.

Para obtener energía se tiene que partir de algún cuerpo o materia que la tenga almacenada. A estos cuerpos se les llama fuentes de energía. Las cantidades disponibles de estas fuentes son lo que llamamos y conocemos por recursos energéticos, existiendo diferentes maneras de clasificarlas:

- **Según su forma de utilización,** se puede dividir en los siguientes grupos:
  - **Energías primarias:** son aquellas que se obtienen directamente de la naturaleza, como el carbón, el petróleo, el gas natural, el uranio

natural, la energía hidráulica, la eólica, la solar o la biomasa. Son las que no han sido sometidas a ningún proceso de transformación.

- **Energías secundarias:** llamadas también finales, se obtienen a partir de las primarias mediante procesos de transformación de energía, es el caso de la electricidad.
- **Energías útiles:** son las que realmente adquiere el consumidor a través de los aparatos que utiliza, como es la energía química, mecánica, calorífica, etc.

- **Según la disponibilidad,** las energías se pueden clasificar en:

  - **Energías renovables:** son aquellas que son inagotables ya que se producen de forma continua. Están causadas por fenómenos físicos de gran envergadura. Energía de este tipo son la energía solar, hidráulica, eólica, biomasa y oceánica.
  - **Energías no renovables:** son aquellas que existen de forma limitada en la naturaleza y se agotan cuando se van utilizando. Las más comunes son el carbón, petróleo, el gas natural y el uranio.

Reservas energéticas

Hay que destacar que aunque los recursos energéticos son abundantes alrededor del mundo, las reservas son escasas y muy variables geográficamente. Así, conocemos las siguientes reservas:

- **Reservas mundiales de carbón.** La importancia del carbón ha ido disminuyendo desde los inicios del siglo XX, aunque actualmente representa el 25 % del consumo mundial y se utiliza principalmente para producir electricidad. El carbón es así el combustible más abundante a nivel mundial.
- **Reservas mundiales de petróleo.** El petróleo es la fuente de energía primaria más utilizada desde la segunda mitad del siglo XX. Actualmente representa cerca del 30 % del consumo energético mundial debido a su uso en el sector del transporte y la industria petroquímica. Las reservas de este recurso energético están más concentradas geográficamente, estando así las dos terceras partes situadas en el Oriente Medio.

- **Reservas mundiales de gas natural.** En los últimos años el consumo de gas natural ha sufrido un gran crecimiento debido sobre todo a su poder de producir calor y porque su uso representa un menor impacto ambiental para el planeta. Los principales países productores de gas natural son Estados Unidos, Rusia e Irán, seguidos de China, Canadá y Qatar con una menor producción.
- **Reservas mundiales de uranio.** Las reservas mundiales de uranio metal están geográficamente distribuidas de manera muy desigual, el 28 % se encuentra en Australia, el 17 % a Kazajstán, el 13 % a Canadá y el 9 % en Sudáfrica. Hay que destacar que España es el segundo país europeo en la importación de uranio después de Francia.
- **Recursos hidroeléctricos y otras energías renovables.** La energía hidráulica es la energía renovable que más importancia tiene en abastecimiento energético mundial. Según la Agencia Internacional de Energía su aportación ha crecido hasta llegar a representar el 17 % del consumo energético total. Aun así, no hay que olvidar las otras energías renovables, ya que de una manera progresiva están cogiendo más protagonismo, sobre todo la eólica y solar fotovoltaica que representa el 5 % actualmente.

Recuerde

La energía tiene cuatro propiedades: se transforma, se conserva, se transfiere y se degrada.

Límites energéticos

Las disponibilidades energéticas figuran entre los diversos límites a la expansión de la actividad industrial humana.

Existen fundamentalmente dos tipos de fuentes de energía que pueden ser utilizadas por las personas. En primer lugar las energías no renovables, que consisten principalmente en los combustibles fósiles (como el petróleo o el carbón) y en los materiales fisibles. En segundo lugar encontramos las energías que consideramos inagotables, este tipo de energía está constituido por la energía solar, las mareas oceánicas y la energía geotérmica, estas tienen la desventaja de ser de más difícil explotación, así que solo se aprovecha actualmente una pequeña parte de la energía que genera, por ejemplo con las centrales hidroeléctricas.

La energía que producen estas fuentes se muestra en el cuadro siguiente:

Fuente de energía	Cantidad de energía que genera
Energía solar	178,000 x 10^9 kW/año
Mareas oceánicas	32 x 10^9 kW/año
Energía geotérmica	3 x 10^9 kW/año

Las políticas ambientales hacia modelos de desarrollo sostenible, y las acciones de mitigación contra el cambio climático a fin de evitar la producción de gases de efecto invernadero, han puesto en valor en las últimas décadas el desarrollo de energías renovables como son la energía fotovoltaica y la eólica. El llamado pico del petróleo, punto a partir del cual la producción mundial de petróleo deja de crecer tras haber alcanzado su máximo, y comienza entonces a disminuir, parece hacerse cada vez más evidente. Esto ha fomentado el crecimiento de la producción de este tipo de energías limpias.

La civilización y su desarrollo se ha fundamentado en el consumo de energía fósil, así se ha evolucionado desde el empleo de carbón o madera como fuentes de energía tradicionales a el gas natural y el petróleo.

Los recursos minerales

La sociedad necesita un flujo continuo de materias primas, paralelo al de la energía, entre las que destacan, por su importancia, los recursos minerales. Si se mira a nuestro alrededor se verán un gran número de objetos que dependen directamente de la minería, como por ejemplo los metales, la piedra y el ladrillo para nuestras casas, etc.

Por su importancia, los recursos minerales han sido ampliamente explotados a lo largo de toda la historia. Algunos han tenido un gran valor estratégico, llegando a depender de ellos imperios enteros, como es el caso del cobre y el estaño utilizados en la fabricación del bronce.

Paralelamente al desarrollo humano han evolucionado las técnicas de explotación de los recursos minerales. Desde los primeros útiles, de madera y piedra, utilizados al final del Neolítico, hasta la maquinaria pesada de nuestro siglo.

La industria actual depende de unos ochenta minerales distintos, incluyendo algunos que son relativamente abundantes, como el hierro y el aluminio. También existe un pequeño número de minerales a los que cabe calificar como estratégicos, pues tienen una importancia crítica en la industria y son relativamente poco abundantes: el plomo, el estaño, el zinc, etc.

Yacimientos minerales. Recursos y reservas

Los yacimientos minerales son acumulaciones anormalmente elevadas de sustancias materiales. Se explotan en función de sus aplicaciones y de su interés económico. Podemos clasificar los yacimientos minerales en los siguientes grupos:

- **Minerales metálicos:** sulfuros (pirita, galena, calcopirita, cinabrio, etc.).
- **Minerales no metálicos:** halita, silvina fosfatos y fluorita.
- **Rocas industriales:** arcillas, cuarcita, calizas y margas.

La cantidad total de un determinado mineral en la corteza terrestre es el recurso, es una cantidad fija. Las reservas son aquellas cantidades de un mineral que puede recuperarse para su uso en términos económicos.

Algunas reservas han sido identificadas, pero otras siguen sin ser descubiertas. Así pues, el tamaño de nuestras reservas es variable y depende no solo de su disponibilidad, sino también de factores cambiantes como el coste de extracción, el precio en el mercado o el esfuerzo de explotación.

4. Los problemas del medio ambiente

Los problemas ambientales no se pueden analizar ni entender si no se estudian atendiendo a la perspectiva global de su dimensión, ya que estos surgen como consecuencia de la interacción de múltiples factores.

El actual modo de vida supone un gasto de recursos naturales y energéticos cada vez más creciente e insostenible. Las formas industriales de producción y consumo masivas que hacen posible este modo de vida, implican la destrucción del planeta a medio plazo.

El consumo actual crece continuamente y somete a una excesiva tensión al medio ambiente, produciendo como consecuencia el agotamiento y la degradación de los recursos naturales.

Todo problema ambiental implica un proceso de degradación del medio ambiente. Existen problemas ambientales globales, que son los que afectan a todo el planeta, como el agujero de ozono o efecto invernadero, otros problemas ambientales que se producen en grandes áreas geográficas como la deforestación de las selvas tropicales, o problemas ambientales que suceden a escala local, como las inundaciones periódicas en los valles fluviales o los vertidos industriales en zonas donde hay gran concentración de fábricas.

Atendiendo a la perspectiva global, los problemas ambientales se caracterizan por:

- Ser persistentes.
- Estar en continuo aumento.
- Ser, en la mayoría de los casos, de difícil reversibilidad.
- Responder a múltiples factores y en ellos se entrelazan aspectos de diversa naturaleza: ecológicos, económicos, sociales, culturales, éticos, etc.
- Tener consecuencias más allá del tiempo y el espacio donde se generan.
- Ser parte de otro problema más complejo y a la vez suma de numerosos y pequeños problemas.
- Tener soluciones complejas y múltiples, que a veces dependen de muchas pequeñas soluciones.

- Las soluciones de tipo legal, correctivo, coercitivo, disuasorio, etc., no son eficaces por sí mismas.
- Las soluciones de tipo tecnológico, en el mejor de los casos, solo atenúan los efectos, es decir, tratan el proceso en sus fases finales (medidas compensatorias, correctivas, pocas veces anticipatorias o preventivas).

Se considera entonces que hay un problema ambiental cuando alguno de los elementos que integran el sistema ambiental, o un conjunto de esos elementos, está deteriorado con respecto a la forma en que puede brindar sustento para la vida presente y/o futura, sobre todo para la vida de las personas y de los sistemas sociales y también para la vida en su entorno.

Nota

En 1987 apareció la definición de Desarrollo Sostenible que establece que se deben satisfacer las necesidades de las generaciones presentes sin comprometer las posibilidades de las del futuro para atender sus propias necesidades.

4.1. Principales problemas ambientales

Aumento del efecto invernadero

El efecto invernadero es un fenómeno natural de la atmósfera que consiste en que la energía solar que llega a la tierra, al tomar contacto con el suelo, se refleja solo en parte, siendo el resto absorbida. El efecto de esta absorción es un calentamiento y se manifiesta por una irradiación de energía hacia la atmósfera. Sin embargo, al viajar hacia la atmósfera se encuentra con gases que actúan de freno, produciéndose la vuelta hacia la tierra y evitando que la energía se escape en su totalidad hacia el exterior calentado más el suelo del planeta.

Según datos suministrados por la Organización de Naciones Unidas (ONU) los combustibles fósiles (carbón, petróleo y gas) son, con diferencia, los que más contribuyen al cambio climático mundial, ya que representan más del

75 % de las emisiones mundiales de gases de efecto invernadero y casi el 90 % de todas las emisiones de dióxido de carbono.

Los principales gases de efecto invernadero que provocan el cambio climático son el dióxido de carbono y el metano, provenientes del uso de combustibles fósiles, el desmonte de tierras y bosques y los vertederos de basura. Por lo tanto, nuestra vida y consumo sostienen actividades como la industria, el transporte, las ciudades, la producción de alimentos con su correspondiente uso del suelo y la generación de residuos, los cuales representan las principales fuentes emisoras.

Las consecuencias del cambio climático son cada día más evidentes, como son las sequías intensas, escasez de agua, incendios graves, aumento del nivel del mar, inundaciones, deshielo de los polos, tormentas catastróficas, la disminución de la biodiversidad y la difusión de enfermedades contagiosas que estamos observando actualmente a nivel mundial.

Nota

Las emisiones mundiales de dióxido de carbono (CO_2) y gases de efecto invernadero han aumentado casi un 50 % desde 1990, llegando a niveles de récord en 2019 y aumentando en un 13 % más en 2025.

Las consecuencias del cambio climático se perciben a nivel mundial y tienen gran influencia en todas las economías nacionales. Por ello en el año 2015, 195 países firmaron el llamado "Acuerdo de París", conocido como el primer acuerdo mundial vinculante sobre el clima, cuyo fin era promover la transición hacia una economía baja en carbono y lograr que el aumento de las temperaturas se mantenga por debajo de los 2 grados centígrados.

El Objetivo de Desarrollo Sostenible (ODS 13), de "Acción por el clima", pretende introducir el cambio climático como cuestión primordial en las políticas, estrategias y planes de países, empresas y sociedad civil.

Sabía que...

La OMM (Organización Meteorológica Mundial) predice el aumento de las temperaturas en 1,5 °C a partir de 2024.

El agujero de la capa de ozono

El ozono es el gas encargado de la protección de la Tierra contra las radiaciones ultravioletas. La introducción de nuevos compuestos artificiales (como los clorofluorocarbonos o CFC, presentes en los aerosoles y aparatos de refrigeración), así como de fertilizantes, reducen la concentración de ozono en la atmósfera, lo que hace que penetren más cantidad de rayos ultravioletas.

Esto provoca graves consecuencias para el desarrollo de la vida vegetal y animal, pudiendo producir mutaciones genéticas, y cáncer de piel en las personas.

En 1987 mediante el Protocolo de Montreal, se establecieron las bases para proteger la capa de ozono por el cual se limitó la producción y consumo de sustancias perjudiciales y principales gases que contribuyen a su destrucción, con el fin de eliminar los clorofluorocarbonos (bromuro de metilo, metilcloroformo, tetracloruro de carbono, etc.).

El 16 de septiembre se celebra el Día Internacional de la Preservación de la Capa de Ozono, en conmemoración a la firma de este acuerdo, el cual ha permitido que la capa de ozono se esté recuperando, ya que ha propiciado la eliminación de alrededor del 99 % de las sustancias destructoras de la capa de ozono.

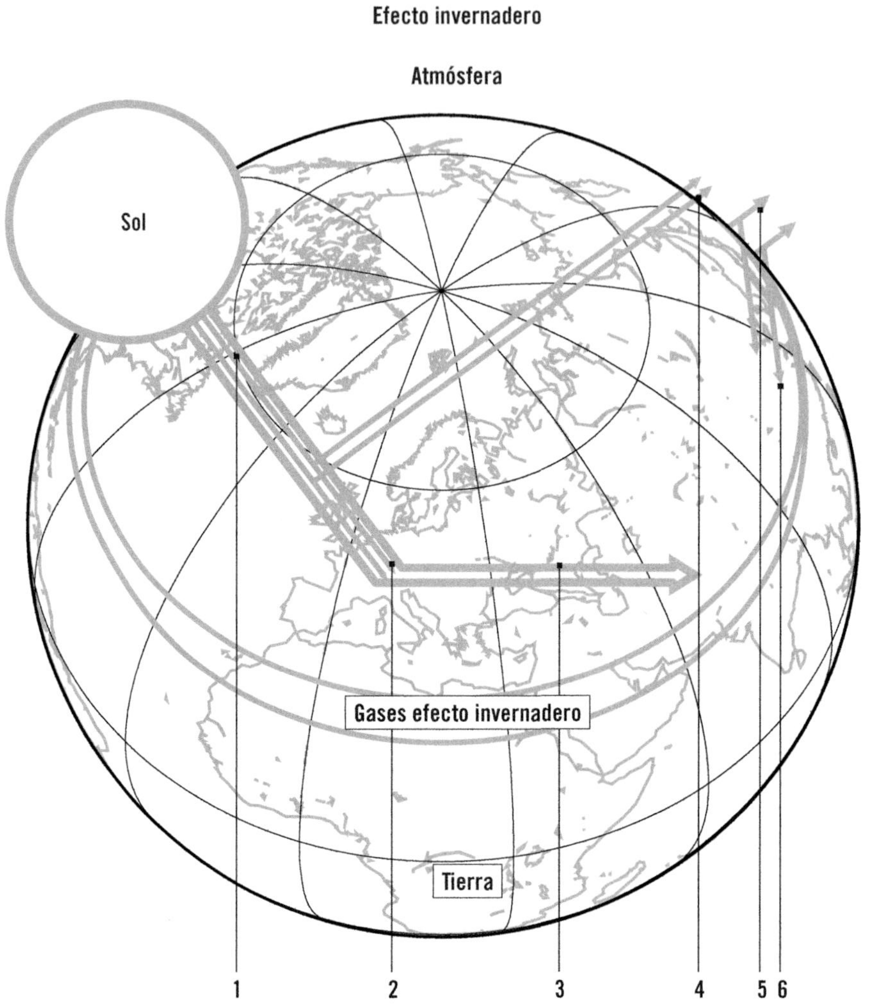

Efecto invernadero

Atmósfera

Sol

Gases efecto invernadero

Tierra

1 2 3 4 5 6

1. La radiación solar pasa a través de la atmósfera libre de obstáculos.
   Radiación solar penetrante:
   343 Watios por m^2
2. La energía solar es absorbida por la superficie terrestre y la calienta:
   168 Watios por m^2
3. Y es convertida en calor reflejando la emisión de radiación de longitud de onda (infrarrojo) a la atmósfera
4. Una parte de la radiación reflejada por la atmósfera y la superficie terrestre.
   Radiación solar reflejada: 103 Watios por m^2
5. Una parte de la radiación infrarroja atraviesa la atmósfera y se pierde en el espacio.
   Radiación infrarroja no reflejada: 240 Watios por m^2
6. Parte de la radiación infrarroja es absorbida y reemitida por las moléculas de gas de invernadero. El efecto directo es el calentamiento de la superficie terrestre y la troposfera

Esquema que sigue el efecto invernadero

La lluvia ácida

Los óxidos de nitrógeno y azufre, emitidos por las industrias y automóviles a la atmósfera, reaccionan con el vapor de agua para formar ácido nítrico y ácido sulfúrico. Estos ácidos caen sobre la tierra en forma de lluvia, produciendo la acidificación de los suelos y aguas, pérdida de zonas de cultivo, muerte de bosques, etc.

Deforestación

La deforestación es la pérdida de bosques, lo que tiene graves consecuencias, como son la erosión del suelo debido a la falta de vegetación, la pérdida de terreno fértil, ya que se pierden los nutrientes del suelo, la pérdida de flora y fauna, interrupción del ciclo del agua o el aumento de los niveles de CO_2 cuando se queman los bosques. Una sexta parte de la superficie terrestre del mundo se ha degradado como resultado de la ganadería intensiva y de malas prácticas de cultivo agrícola. Si sigue el actual ritmo de tala de árboles en el Amazonas, el considerado "pulmón verde" del planeta desaparecerá en 40 años.

Erosión-desertificación del suelo

Los principales efectos de la degradación del suelo son la **erosión,** la **degradación** y la **desertificación.**

La erosión es la pérdida de la capa superficial, es decir la capa fértil, principalmente por la agricultura (uso de fertilizantes, pesticidas químicos y labranza excesiva), la deforestación y los incendios así como la acumulación de residuos de todo tipo. Esta degradación del suelo afecta en nuestras vidas tanto en aspectos sociales y económicos, ya que el suelo es la base de la producción de alimentos y actividades humanas.

Según la FAO, más del 33 % de los suelos de la Tierra están degradados y el porcentaje podría aumentar al 90 % para 2030, afectando a la seguridad alimentaria y la salud de las personas.

La Unión Europea ha establecido una **Estrategia de Protección del Suelo para 2030** la cual establece medidas concretas para proteger y restaurar los suelos y garantizar que se utilicen de forma sostenible. El objetivo es lograr suelos saludables para 2050, ya que son la base para lograr una adaptación al cambio climático, para detener la desertificación y sobre todo para revertir la pérdida de biodiversidad, proporcionar alimentos saludables y salvaguardar la salud humana.

Según datos del MITECO, aproximadamente un 25 % de la superficie de España está afectada por la desertificación.

Producción de residuos

Realizar una gestión sostenible de los residuos mediante la implantación de modelos económicos circulares es fundamental por parte de la sociedad actual.

La Unión Europea en 2008 creó la llamada Directiva Marco de Residuos (Directiva 2008/98/CE) con el fin de avanzar hacia la sociedad del reciclado y contribuir así a la lucha contra el cambio climático. En 2015, se aprobó el Plan de Acción en materia de economía circular, incluyendo medidas relativas a los residuos. En 2018 se aprobó la Directiva (UE) 2018/851, enfocada hacia la economía circular, a fin de mejorar la gestión de los mismos.

En España se traspone mediante la Ley 7/2022 de residuos y suelos contaminados para una economía circular, en la que uno de sus objetivos es **sentar**

los principios de economía circular que pueden aportar beneficios económicos, sociales y ambientales, a través de la creación de empleo en sectores vinculados a la reutilización y el reciclado.

Productos químicos

Debido al gran número de sustancias de uso común y el desconocimiento sobre sus consecuencias ecológicas y para el ser humano el uso de los productos químicos representa un peligro y una amenaza muy importante para el medio ambiente y para la salud humana.

Agotamiento de los recursos naturales

Cerca de 2.600 millones de personas en todo el mundo viven en países expuestos a niveles altos o extremos de estrés hídrico. Además, se estima que en 2040, esta cifra aumentará hasta los 5.400 millones de personas.

La calidad de las aguas se ve amenazada por las altas concentraciones de productos químicos (nitratos, plaguicidas, metales pesados, hidrocarburos clorados, fosfatos de los detergentes, etc.) provenientes de la agricultura, la industria y los usos domésticos, con el consiguiente riesgo para la salud humana.

Pérdida de biodiversidad y de espacios naturales

Las especies silvestres se están extinguiendo de 50 a 100 veces más rápido que su tasa natural de extinción por la presión de las actividades humanas (agricultura intensiva, actividades de explotación de los bosques, pesca intensiva, urbanización, desarrollo de infraestructuras, contaminación).

Si estas especies se pierden, las consecuencias más inmediatas son la ruptura del equilibrio de los ecosistemas y del equilibrio planetario y, a más largo plazo, la pérdida de información genética. Así por ejemplo las existencias de peces se están reduciendo: cerca del 35 % de especies sufre una sobreexpplotación y otro 44 % se está pescando hasta llegar a su límite biológico. Las presiones sobre la biodiversidad y los espacios naturales proceden de una agricultura insostenible y la explotación de bosques cada vez a mayor escala, una fragmentación del paisaje, el vertido de productos químicos, la construcción de embalses y trasvases de agua, la caza o pesca industrial y el desplazamiento de especies, etc.

Según los datos del informe IPBES, sobre la pérdida de biodiversidad, se determinó que en la Unión Europea en 2024 el 81 % de los hábitats protegidos y el 63 % de las especies protegidas, se encontraban en un estado de conservación "deficiente" o "malo" al verse sometidos tanto las especies como los hábitats, a las múltiples presiones de las cuales no pueden recuperarse.

Medio ambiente urbano

La población urbana no cesa en crecer y las ciudades muestran importantes signos de tensión ambiental: mala calidad del aire (industria, generación de electricidad, transporte), exceso de ruido, atascos de tráfico, pérdida de zonas verdes, invasión de espacios protegidos, vertidos de agua no depuradas y de residuos, insalubridad del agua potable, falta de servicios públicos adecuados, etc.

Recuerde

Los principales problemas ambientales son: el efecto invernadero, el aumento del agujero en la capa de ozono, la lluvia ácida, la deforestación, la desertificación del suelo, la producción de residuos, el mal uso de los productos químicos, el agotamiento de los recursos naturales, la pérdida de biodiversidad y el aumento desmesurado de la población.

Ejercicios de repaso y autoevaluación

1. Señale la opción INCORRECTA: El medio ambiente...

a. ... no solo alberga a los recursos naturales que lo componen sino también al componente social.
b. ... es un sistema constituido por factores físicos, biológicos, económicos, sociales, culturales y estéticos que interactúan entre sí.
c. ... está formado por el conjunto de seres vivos que habitan en la naturaleza más los recursos naturales que ofrece para el ser humano.
d. ... se trata del entorno que condiciona la forma de vida de la sociedad e incluye los valores naturales, sociales y culturales que existen en un lugar y momento determinado.

2. El medio ambiente puede entenderse como el...

a. ... medio que abastece al ser humano de materias primas y energía.
b. ... soporte de las actividades humanas.
c. ... medio receptor de vertidos, emisiones, residuos no deseados, etc.
d. Todas las opciones son correctas.

3. ¿Cuál de las siguientes etapas fue la que generó menos impactos sobre el medio ambiente?

a. Fase agrícola-ganadera.
b. Fase industrial-tecnológica.
c. Fase de caza-recolección.
d. Todas las opciones son incorrectas.

4. El suelo es un componente y recurso...

a. ... abiótico y renovable.
b. ... abiótico y "inagotable".
c. ... biótico y no renovable.
d. ... biótico y renovable.

5. Los problemas ambientales...

a. ... son temporales.
b. ... implican la degradación del medio ambiente.
c. ... se deben a la escasa sensibilización ambiental.
d. ... no se pueden evitar.

Unidad Didáctica 2

La contaminación ambiental

Contenido

1. Aspectos generales de la contaminación

Antes de profundizar en la materia, es imprescindible dejar claro que la contaminación ambiental siempre ha existido, ya que esta es inherente a las actividades del ser humano. Aunque lo cierto es que en la actualidad la contaminación ambiental ha aumentado en gravedad y en magnitud a todos los niveles.

Cada día hay más pruebas de los efectos adversos sobre el medio ambiente y sobre la salud de los personas, aunque hasta hace relativamente poco tiempo se considerara que estos no existían, o bien que estos efectos eran leves o podían pasar desapercibidos.

Existen muchas definiciones de contaminación ambiental, pero para fines prácticos se puede considerar que la contaminación ambiental *es la introducción o presencia de sustancias, organismos o formas de energía en ambientes o sustratos que no pertenecen o en cantidades superiores a las propias de dichos sustratos, por un tiempo suficiente, y bajo condiciones tales, que esas sustancias interfieren en la salud y la comodidad de las personas, dañan los recursos naturales o alteran el equilibrio ecológico de la zonas.*

No obstante hay que tener presente que lo que podemos definir como contaminación ambiental para unos ambientes, no lo sea para otros. Por ejemplo la contaminación por ruido en un ambiente de trabajo, no sería contaminación por ruido en una discoteca, ya que esos valores posiblemente sean considerados aceptados.

Por lo tanto, para que se considere que hay contaminación, se debe tomar en cuenta que esta depende del lugar, el tiempo, el tipo de contaminante y la cantidad en que este se encuentre y, hasta cierto punto, también de la situación específica y/o la percepción subjetiva.

1.1. Causas de la contaminación

La contaminación ambiental no solo se origina por actividades antropogénicas, existe también la contaminación ambiental debida a causas naturales, como las erupciones volcánicas y la erosión. Sin embargo, en términos generales, podemos determinar que la contaminación de origen natural nunca es tan grave como la de origen antropogénico, de la misma manera, que sus efectos adversos, sobre todo a largo plazo, son también menores.

Dentro de la contaminación originada por las acciones antrópicas, las principales actividades responsables de contaminación ambiental son las productivas, dónde podemos destacar a las relacionadas con la generación de energía, la explotación de recursos no renovables (petróleo, carbón, etc.), la industria en general y la agricultura.

La contaminación ambiental también puede ser consecuencia de procesos sociales como el crecimiento demográfico, los movimientos migratorios y la urbanización a causa de las cuales, por ejemplo, en un sitio determinado se pueden generar mayores cantidades de residuos. Una causa adicional son los patrones culturales, en particular, los asociados con la economía de consumo.

Actualmente, unos de los factores que mayor contaminación ambiental está generando es el uso generalizado de sustancias sintéticas para diversos fines, como por ejemplo los plásticos.

Las diferentes causas de contaminación ambiental no son excluyentes, es decir, la contaminación ambiental se puede deber tanto a una de estas causas como a muchas de ellas.

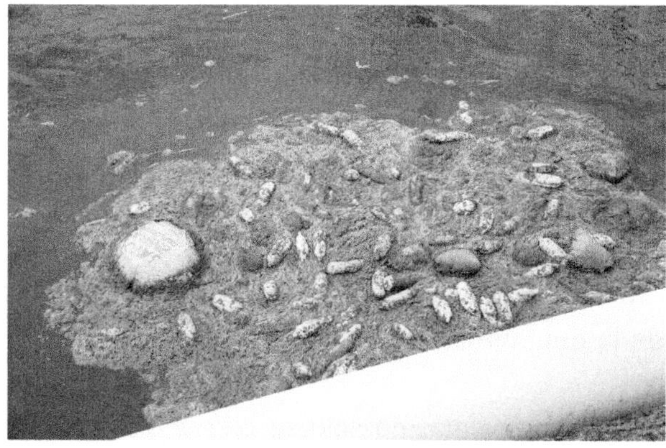

Los vertidos indiscriminados son una importante causa de contaminación ambiental.

Factores que determinan la severidad de un contaminante

Hay tres factores que determinan la severidad de los efectos que puede tener un contaminante:

- **Naturaleza química:** determina hasta qué punto el contaminante es activo y dañino para los seres vivos.
- **Concentración:** corresponde a la cantidad de contaminante presente por unidad de volumen o de peso de aire, agua, suelo o peso corporal. Una forma de reducir la concentración de un contaminante es diluirlo en un gran volumen de agua o de aire. Hasta antes de que se comenzara a sobrecargar el aire y las corrientes de agua con contaminantes, la disolución era la solución a la contaminación. Ahora es solo una solución parcial.
- **Persistencia del contaminante:** corresponde al tiempo que el contaminante permanece en el aire, suelo, agua o cuerpo.

Recuerde

La contaminación ambiental es la presencia de sustancias, organismos o formas de energía en ambientes o sustratos que no pertenecen o en cantidades superiores a las propias de dichos sustratos, por un tiempo suficiente, y bajo condiciones tales, que esas sustancias interfieren en la salud y la comodidad de las personas, dañan los recursos naturales o alteran el equilibrio ecológico de la zonas.

1.2. Tipos de contaminación

La contaminación ambiental se puede clasificar atendiendo a los siguientes criterios:

- **Por el proceso que la causa:** si la contaminación es consecuencia de un proceso en el que las actividades humanas no son las responsables, y que por tanto, no es controlable, se le denomina **contaminación de**

origen natural. Por ejemplo: las emisiones de sustancias gaseosas a la atmósfera como consecuencia de la actividad volcánica. Sin embargo, si la contaminación es resultado de las actividades humanas recibe el nombre de **contaminación de origen antropogénico.**

- **Por el tipo de contaminante:** en función de esta clasificación, se puede hablar de **contaminación originada por contaminantes biológicos, físicos y/o químicos.** Entre los contaminantes biológicos se puede hacer mención a los contaminados con especies de Salmonella, o de contaminación originada por contaminantes físicos tales como el ruido, las radiaciones, etc. Por último, contaminantes químicos podrían ser los PCB (bifenilos policlorados), los CFC (clorofluorocarbonados), la presencia de detergentes en medios acuáticos, etc.
- **Por el origen de los contaminantes:** en general, los contaminantes pueden ser **de origen natural o artificial,** es decir generados por el hombre o no. Los contaminantes biológicos solo pueden ser de origen natural, mientras que los contaminantes físicos pueden ser de las dos clases. Los contaminantes químicos también pueden ser de las clases, naturales, en el caso de los metales pesados, dióxido de carbono, etc., y sintéticos o de origen artificial como las detergentes y la mayoría de los plaguicidas. Entre los contaminantes de origen natural, tenemos que diferenciar a aquellos que se encuentran en un determinado medio, como el agua, el aire..., que son considerados como tal cuándo sobrepasan su niveles normales de concentración (concentración basal) y aquellos que no deben encontrarse en un determinado medio y que por lo tanto en cualquier concentración en que se encuentre se les consideran contaminantes. Los contaminantes de origen antrópico han sido generados por el hombre y, por lo tanto, no existen de manera natural. También son conocidos como xenobióticos. La presencia de cualquier contaminante sintético, en cualquier medio y en cualquier cantidad, se considera nociva porque:

  - La concentración basal de estas sustancias es cero.
  - No existen mecanismos naturalces para degradarlas.

- **Por la naturaleza química del contaminante:** los contaminantes de origen natural, a su vez, se clasifican en contaminantes orgánicos, como son las toxinas naturales, y contaminantes inorgánicos, como el plomo, el polvo, etc.

- **Por sus efectos:** cuando los contaminantes causan efectos indeseables en los seres vivos, son denominados **contaminantes tóxicos.** Generalmente se considera que una sustancia es tóxica cuando causa:
  - Daño funcional o anatómico en los seres vivos.
  - Cambios irreversibles en el equilibrio fisiológico del organismo.
  - Sinergia con otros agentes químicos, físicos o biológicos, incluyendo los organismos patógenos que causan las enfermedades infecciosas.
  - Si su presencia es incompatible con la vida.
- **Por el medio afectado:** dependiendo del medio en que se acumulen los contaminantes, se habla de contaminación del agua, del aire, de alimentos..., esta clasificación es la que se emplea más comúnmente con fines de vigilancia y control legal y puede a su vez presentar subdivisiones, tales como contaminación de aguas subterráneas.

1.3. Fuentes de contaminación

Las fuentes de contaminación pueden ser naturales o antropogénicas. Por lo general, las fuentes naturales, están relacionadas con la composición de suelos y las aguas, los componentes de algunos alimentos, las emanaciones volcánicas, etc., y representan un bajo porcentaje de los problemas de salud pública.

Sin embargo, en ciertas zonas, por ejemplo, aquellas en que hay concentraciones elevadas de arsénico en el agua para el consumo humano o de selenio en los suelos, pueden causar problemas graves para la salud de las personas.

Las fuentes antropogénicas de contaminación ambiental más importantes se pueden clasificar en función de la actividad que las origina en:

- Fuentes de contaminación industriales.
- Fuentes de contaminación mineras.
- Fuentes de contaminación agropecuarias.

- Fuentes de contaminación artesanales.
- Fuentes de contaminación domésticas.

Por otro lado, hay que prestar atención para ver si se tratan de fuentes de contaminación fijas y/o móviles.

Por último, las fuentes de contaminación se pueden clasificar en función de su localización, también pueden clasificarse como fuentes dispersas y localizadas, en las que algunos casos se denomina fuentes contaminantes puntuales.

2. Tipos de contaminación ambiental

Se van a considerar tres aspectos fundamentales en la contaminación ambiental, en primer lugar la contaminación atmosférica, en segundo lugar la hídrica y por último la contaminación de los suelos.

2.1. Contaminación atmosférica

El aire, y la atmósfera, se utilizan principalmente con dos fines específicos: para respirar, y como sumidero de residuos gaseosos. La atmósfera, además, también cumple otras funciones, tales como: filtrar los rayos ultravioletas, regular la temperatura de la Tierra, protegernos de la absoluta mayoría de los impactos de los meteoritos, regular las temperaturas, y del resto de los factores del clima, como pueden ser el viento y la lluvia.

Por contaminación atmosférica se entiende la presencia en el aire, no solo en el que respiramos, sino también en las capas superiores, de sustancias y formas de energía que alteran la calidad del mismo, implicando daños o graves molestias a la salud de las personas y para el medio ambiente.

La contaminación del aire en los grandes centros urbanos se debe sobre todo al transporte, tanto público como privado, a las plantas térmicas, al uso de calefacciones y a la liberación de diversos gases. Todas las fuentes de energía térmica, y los medios de transporte, que utilizan gas y/o derivados del petróleo, generan infinidad de gases que contaminan la atmósfera.

La contaminación del aire puede causar trastornos como son escozor en los ojos y en la nariz, irritación y picazón de la garganta y problemas respiratorios. Bajo determinadas circunstancias, algunas sustancias químicas que se hallan en el aire contaminado pueden producir cáncer, malformaciones congénitas, daños cerebrales y trastornos del sistema nervioso, así como lesiones pulmonares y de las vías respiratorias. A determinado nivel de concentración y después de cierto tiempo de exposición, ciertos contaminantes del aire son sumamente peligrosos y pueden causar serios trastornos e incluso la muerte.

Principales agentes contaminantes del aire

En este apartado se van a tratar como principales agentes contaminantes del aire los siguientes gases:

Monóxido de Carbono (CO)

Es un gas inodoro e incoloro. Cuando se inhala, sus moléculas ingresan al torrente sanguíneo, donde inhiben la distribución del oxígeno. En bajas concentraciones produce mareos, jaqueca y fatiga, mientras que en concentraciones mayores puede ser fatal.

El monóxido de carbono se produce como consecuencia de la combustión incompleta de combustibles a base de carbono, tales como la gasolina, el petróleo y la leña, y de la de productos naturales y sintéticos, como por ejemplo el humo de los cigarrillos. Se halla en altas concentraciones en lugares cerrados, como puede ser garajes y túneles con mala ventilación, e incluso en caminos de tránsito congestionado.

Dióxido de Carbono (CO_2)

Es el principal gas causante del efecto invernadero. Se origina a partir de la combustión de carbón, petróleo y gas natural. En estado líquido o sólido produce quemaduras, congelación de tejidos y ceguera. La inhalación es tóxica si se encuentra en altas concentraciones, pudiendo causar incremento del ritmo respiratorio, desvanecimiento e incluso la muerte.

Sabía que...

El CO_2 emitido por día y por persona al respirar (aproximadamente 1.140 g de CO_2) equivale a lo que emite un automóvil en un recorrido de unos 5 kilómetros.

Clorofluocarbonos (CFC)

Son sustancias químicas que se utilizan en gran cantidad en la industria, en sistemas de refrigeración y aire acondicionado y en la elaboración de bienes de consumo. Cuando son liberados a la atmósfera, ascienden hasta la estratosfera. Una vez allí, los CFC producen reacciones químicas que dan lugar a la reducción de la capa de ozono que protege la superficie de la Tierra de los rayos solares. La reducción de las emisiones de CFC y la suspensión de productos químicos que destruyen la capa de ozono constituyen pasos fundamentales para la preservación de la estratosfera.

Contaminantes atmosféricos peligrosos (HAP)

Son compuestos químicos que afectan la salud de las personas y el medio ambiente. Las emanaciones masivas pueden causar cáncer, malformaciones congénitas, trastornos del sistema nervioso y hasta la muerte.

Las emisiones de HAP provienen de fuentes tales como fábricas de productos químicos, productos para limpieza en seco, imprentas y vehículos (automóviles, camiones, autobuses y aviones).

Plomo

Es un metal de alta toxicidad que ocasiona una diversidad de trastornos, especialmente en niños pequeños. Puede afectar al sistema nervioso y causar problemas digestivos. Ciertos productos químicos que contienen plomo son cancerígenos. El plomo también ocasiona daños a la fauna y flora silvestres.

El contenido en plomo de la gasolina se ha ido eliminando gradualmente, lo que ha reducido considerablemente la contaminación del aire. Sin embargo, la inhalación e ingestión de plomo puede tener lugar a partir de otras fuentes, tales como la pintura para paredes y automóviles, los procesos de fundición, la fabricación de baterías de plomo, los señuelos de pesca, ciertas partes de las balas, algunos artículos de cerámica, las persianas venecianas, las cañerías de agua y algunos tintes para el cabello.

Ozono (O_3)

Este gas es una variedad de oxígeno que, a diferencia de este, contiene tres átomos de oxígeno en lugar de dos.

Formación de la molécula de ozono

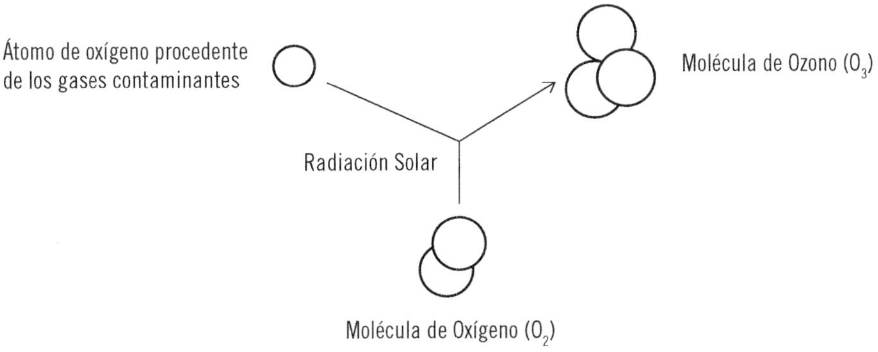

Átomo de oxígeno procedente de los gases contaminantes

Molécula de Ozono (O_3)

Radiación Solar

Molécula de Oxígeno (O_2)

El ozono de las capas superiores de la atmósfera, donde se forma de manera espontánea, constituye la llamada **"capa de ozono",** la cual protege a la Tierra de la acción de los rayos ultravioletas. Sin embargo, a nivel del suelo, el ozono es un contaminante de alta toxicidad que afecta la salud, el medio ambiente, los cultivos y una amplia diversidad de materiales naturales y sintéticos. El ozono produce irritación del tracto respiratorio, dolor en el pecho, tos persistente, incapacidad de respirar profundamente y un aumento de la propensión a contraer infecciones pulmonares. A nivel de medio ambiente, es perjudicial para los árboles y reduce la visibilidad.

El ozono que se halla a nivel del suelo proviene de la descomposición (oxidación) de los compuestos orgánicos volátiles de los disolventes, de las reacciones entre sustancias químicas resultantes de la combustión del carbón, gasolina y otros combustibles, de las sustancias componentes de las pinturas y sprays para el cabello. La oxidación se produce rápidamente a alta temperatura ambiente. Los vehículos y la industria constituyen las principales fuentes del ozono a nivel del suelo.

Óxido de Nitrógeno (NOx)

Proviene de la combustión de la gasolina, el carbón y otros combustibles. Es una de las principales causas del smog y la lluvia ácida. El ***smog*** se produce por la reacción de los óxidos de nitrógeno con compuestos orgánicos volátiles. En altas concentraciones, el smog puede producir dificultades respiratorias en las personas asmáticas, accesos de tos en los niños y trastornos en general del sistema respiratorio. La **lluvia ácida** afecta a la vegetación y altera la composición química del agua de los lagos y ríos, haciéndola potencialmente inhabitable para las bacterias, excepto para aquellas que tienen tolerancia a los ácidos.

Partículas

En esta categoría se incluye todo tipo de materia sólida en suspensión en forma de humo, polvo y vapores. Además, de reducir la visibilidad y la cubierta del suelo, la inhalación de estas partículas microscópicas, que se alojan en el tejido pulmonar, es causante de diversas enfermedades respiratorias. Las partículas en suspensión también son las principales causantes de la neblina, la cual reduce la visibilidad.

Las partículas de la atmósfera provienen de diversas fuentes, entre los cuales podemos mencionar la combustión de diésel en camiones y autobuses, los combustibles fósiles, la mezcla y aplicación de fertilizantes y agroquímicos, la construcción de caminos, la fabricación de acero, la actividad minera, la quema de rastrojos y malezas y las chimeneas de hogar y estufas a leña.

Dióxido de Azufre (SO_2)

Es un gas inodoro cuando se halla en bajas concentraciones, pero en alta concentración despide un olor muy fuerte. Se produce por la combustión de carbón, especialmente en instalaciones industriales térmicas. También proviene de ciertos procesos industriales, tales como la fabricación de papel y la fundición de metales. Al igual que los óxidos de nitrógeno, el dióxido de azufre es uno de los principales causantes del ***smog*** y la **lluvia ácida.** Está estrechamente relacionado con el ácido sulfúrico, que es un ácido fuerte. Puede causar daños en la vegetación y en los metales y ocasionar trastornos pulmonares permanentes y problemas respiratorios.

Sabía que...

La lluvia ácida tiene una gran cantidad de efectos nocivos en los ecosistemas y sobre los materiales. Las especies más afectadas por la acidificación del agua son **camarones, caracoles y mejillones.** Además, también tiene efectos negativos en peces como el **salmón** y las **truchas.**

Compuestos orgánicos volátiles (VOC)

Son sustancias químicas orgánicas. Todos los compuestos orgánicos contienen carbono y constituyen los componentes básicos de la materia viviente y de todo derivado de la misma. Muchos de los compuestos orgánicos que utilizamos no se hallan en la naturaleza, sino que se obtienen sintéticamente. Los compuestos químicos volátiles emiten vapores con gran facilidad. La emanación de vapores de compuestos líquidos se produce rápidamente a temperatura ambiente.

Los VOC incluyen la gasolina, compuestos industriales como el benceno, solventes como el tolueno, xileno y percloroetileno (el solvente que más se utiliza para la limpieza en seco). Los VOC emanan de la combustión de gasolina, leña, carbón y gas natural, y de solventes, pinturas, colas y otros productos que se utilizan en el hogar o en la industria. Las emanaciones de los vehículos constituyen una importante fuente de VOC. Muchos compuestos orgánicos volátiles son peligrosos contaminantes del aire. Por ejemplo, el benceno tiene efectos cancerígenos.

Principales efectos de la contaminación del aire

Los efectos producidos por la contaminación atmosférica dependen principalmente de:

- La concentración de los contaminantes.
- El tipo de contaminantes presentes.
- El tiempo de exposición.
- Las fluctuaciones temporales en las concentraciones de contaminantes.
- La sensibilidad de los receptores y los sinergismos entre contaminantes.

Hay que tener muy en cuenta la graduación del efecto a medida que aumentan la concentración y el tiempo de exposición.

Entre los princípiales efectos de la contaminación atmosférica podemos destacar los siguientes:

Calentamiento de la atmósfera (efecto invernadero)

Existen pruebas de que la contaminación del aire contribuye al calentamiento de la atmósfera o al conocido efecto invernadero. El efecto invernadero se produce porque el dióxido de carbono forma un manto sobre la superficie terrestre y atrapa el calor reflejado del suelo.

Normalmente, el dióxido de carbono no es peligroso ya que es un alimento necesario para las plantas, pero la cantidad en que se produce es mucho mayor que la requerida por la vegetación.

De manera natural, el carbono orgánico es fijado en el suelo en la materia orgánica, lo que se llama ciclo de carbono, formando un reservorio natural CO_2. Las prácticas como la deforestación, la agricultura intensiva que realiza un exceso de labranza del mismo con uso intensivo de fertilizantes industriales y la quema de restos de cultivos evita la fijación de carbono orgánico proveniente de la fotosíntesis en el suelo liberando parte del que está almacenado a la atmósfera en forma de CO_2.

Es por ello, que cada vez más se promueven prácticas agrícolas como labranza cero, siembras directas, agricultura regenerativa, que utiliza cubiertas vegetales como prácticas de agricultura sostenible a fin de lograr que el suelo se convierta nuevamente en reservorio de carbono.

Sabía que...

Los científicos han pronosticado que en los próximos cincuenta años el calentamiento del planeta podría elevar la temperatura de tres a nueve grados más que los promedios actuales. Esto produciría cambios drásticos en el clima de todo el mundo.

Lluvia ácida

La lluvia ácida ha recibido mucha atención en el nivel internacional. Se forma cuando los contaminantes del aire, tales como el dióxido de azufre (SO_2) y óxidos de nitrógeno (NO_X) se transforman en ácidos en la atmósfera. Posteriormente, la precipitación resultante (lluvia, nieve o niebla) deposita los ácidos en lagos y suelos.

La lluvia ácida puede destruir la fauna o flora silvestre de lagos y arroyos y también las edificaciones hechas por el hombre.

El control de la lluvia ácida se ha convertido en una preocupación internacional, ya que a menudo la fuente de estos contaminantes se encuentra alejada del lugar donde se registran los efectos.

Las investigaciones han indicado que la lluvia ácida puede destruir o dañar la fauna silvestre de lagos y arroyos, y también las construcciones hechas por el hombre, tales como los edificios y monumentos al aire libre.

2.2. Contaminación hídrica

El agua, como el aire, es un recurso que también brinda múltiples bienes y servicios para nuestra vida, como ya hemos visto anteriormente. Los seres vivos no podríamos vivir sin ella, y por lo tanto es un factor de supervivencia, ya que además de formar parte de nuestras células y nuestro medio ambiente, está presente en nuestros alimentos y es necesaria para su producción y una lista de actividades cotidianas de nuestra vida como por ejemplo la higiene.

Si analizamos el agua que se utiliza en el mundo por el ser humano, el 70 % se destina a la agricultura, el 20 % a la industria y solo el 10 % para las personas. De aquí la importancia de que se mantenga y gestione, ya que se considera un recurso inagotable, pero la actualidad demuestra que debido a su contaminación y pérdida de calidad, puede transformarse en un recurso escaso a nivel mundial.

Se dice que el agua está contaminada cuando:

> *Su composición o estado están alterados de tal modo que ya no reúne las condiciones adecuadas al conjunto de utilizaciones a las que se hubiera destinado en su estado natural.*
>
> Informe Técnico N° 517
> Organización Mundial de la Salud.

En el desarrollo de las actividades humanas se producen residuos sólidos, líquidos y gaseosos que se vierten a las aguas circundantes. La mayor parte de los contaminantes del agua provienen de la actividad industrial, minera, agrícola y doméstica. Los sectores mineros e industriales vierten al agua residuos como químicos orgánicos sintéticos, pesticidas y componentes inorgánicos.

Debido a estos usos, el impacto antropogénico sobre la calidad del agua a escala global ha ido aumentando progresivamente.

Principales agentes contaminantes del agua

Hay un gran número de contaminantes del agua que pueden ser clasificados de muy diferentes maneras. Una posibilidad bastante usada es agruparlos en los siguientes ocho grupos:

Microorganismos patógenos

Son los diferentes tipos de bacterias, virus, protozoos y otros organismos que transmiten enfermedades como el cólera, tifus, gastroenteritis diversas, hepatitis, etc. En los países en vías de desarrollo las enfermedades producidas por estos patógenos son uno de los motivos más importantes de muerte prematura, sobre todo de niños.

Normalmente, estos microorganismos llegan al agua en las heces y otros restos orgánicos que producen las personas infectadas. Por esto, un buen índice para medir la salubridad de las aguas, en lo que se refiere a estos microorganismos, es el número de bacterias coliformes presentes en el agua. La OMS (Organización Mundial de la Salud) recomienda que en el agua para beber haya cero colonias de coliformes por 100 ml de agua.

Desechos orgánicos

Son el conjunto de residuos orgánicos producidos por los seres humanos, ganado, etc. Incluyen heces y otros materiales que pueden ser descompuestos por bacterias aeróbicas, es decir, en procesos con consumo de oxígeno. Cuando este tipo de desechos se encuentran en exceso, la proliferación de bacterias agota el oxígeno, y ya no pueden vivir en estas aguas peces y otros seres vivos que necesitan oxígeno. La contaminación por desechos orgánicos se mide a través de índices que miden la cantidad de oxígeno disuelto en agua, o la DBO (demanda biológica de oxígeno). Estos indicadores son los que se tienen en cuenta para determinar la calidad de agua de vertidos de devolución a cauces naturales en las estaciones de depuración de aguas residuales (EDAR) en las ciudades.

Sustancias químicas inorgánicas

En este grupo están incluidos ácidos, sales y metales tóxicos como el mercurio y el plomo. Si están en cantidades altas pueden causar graves daños a los seres vivos, disminuir los rendimientos agrícolas y corroer los equipos que se usan para trabajar con el agua.

También los residuos provenientes de vertederos ilegales de industrias, sobre todo residuos con alto poder contaminante que requieren un tratamiento especial como son las pinturas y residuos de la minera que poseen altas cantidades de metales pesados.

Nutrientes vegetales inorgánicos

El uso intensivo de fertilizantes químicos en agricultura, sobre todo nitrógeno y fósforo inorgánico, ha provocado la contaminación de aguas del subsuelo y de masas de agua como mares, ríos y lagos.

El exceso de estos nutrientes inorgánicos en el agua de un ecosistema acuático, principalmente en forma de nitratos, provoca un proceso llamado eutrofización. Esto provoca un aumento descontrolado de la población de algas fitoplanctónicas que consumen el oxígeno disuelto en el agua provocando la muerte de los seres vivos que habitan en ese medio. provocando efectos adversos en el entorno, ya que el agua se vuelve maloliente e inutilizable alterando la vida natural, social y económica de ese entorno.

España ha aprobado recientemente el Real Decreto 47/2022, de 18 de enero, sobre protección de las aguas contra la contaminación difusa producida por los nitratos procedentes de fuentes agrarias de las masas de agua superficial y subterráneas.

Compuestos orgánicos

Los plásticos son de los contaminantes que encontramos en océanos y mares hoy en día. Según el informe de seguimiento marino en 2024 de la UE, en España los plásticos alcanzaban el 75,9 % de los residuos registrados en playas.

La FAO (Organización de las Naciones Unidas para la Alimentación) publicó un informe en 2017 donde se detectaba la presencia de microplásticos en más de 100 especies marinas.

Los micro plásticos, partículas de tamaño inferior a 5 mm causa de la contaminación de mares, están presentes en nuestros alimentos y nuestros cuerpos, que son ingeridas por la fauna marina que las confunden con alimento entrando en la cadena alimentaria.

La Comisión Europea aprobó en enero de 2018, la «Estrategia Europea para el Plástico en una Economía Circular», donde el diseño y la producción de plásticos y sus productos derivados entran en una economía de reutilización, reparación y reciclado. A partir del 3 de julio de 2021 la Unión Europea prohibió la comercialización de los plásticos de un solo uso.

Sedimentos y materiales suspendidos

Muchas partículas arrancadas del suelo y arrastradas a las aguas, junto con otros materiales que hay en suspensión en las aguas, son, en términos de masa total, la mayor fuente de contaminación del agua. La turbidez que provocan en el agua dificulta la vida de algunos organismos, y los sedimentos que se van acumulando destruyen sitios de alimentación o desove de los peces, rellenan lagos o pantanos y obstruyen canales, rías y puertos.

Sustancias radiactivas

Isótopos radiactivos solubles pueden estar presentes en el agua y, a veces, se pueden ir acumulando a lo largo de las cadenas tróficas, alcanzando concentraciones considerablemente más altas en algunos tejidos vivos que las que tenían en el agua.

Contaminación térmica

El agua caliente liberada por centrales de energía o procesos industriales eleva, en ocasiones, la temperatura de ríos o embalses con lo que disminuye su capacidad de contener oxígeno y afecta a la vida de los organismos.

Principales consecuencias de la contaminación hídrica

Los principales efectos de la contaminación del agua se pueden resumir en tres grandes grupos:

- Destrucción de los recursos hídricos.
- Disminución de la calidad del agua para el abastecimiento de la población o uso para riego o industria.
- Reducción de la capacidad de la autodepuración de los cauces receptores con destrucción de la flora y fauna.

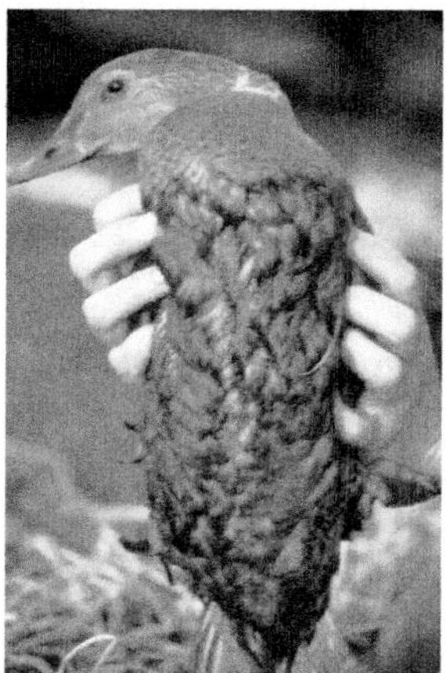

El Desastre del Prestige ocurrido en la Costa da Morte Gallega en el año 2002, es considerado uno de los mayores desastres ecológicos ocurridos en España.

2.3. Contaminación del suelo

El suelo tiene múltiples funciones para el sistema social y tiene múltiples funciones para el sistema natural.

Un suelo contaminado es aquel que ha superado su capacidad de amortiguación para una o varias sustancias, y como consecuencia, pasa de actuar como un sistema protector a ser causa de problemas para el agua, la atmósfera y los microorganismos.

Al mismo tiempo se modifican sus equilibrios biogeoquímicos y aparecen cantidades anómalas de determinados componentes que originan modificaciones importantes en las propiedades físicas, químicas y biológicas del suelo.

La contaminación de los suelos se produce por el depósito de sustancias químicas y basuras. Las primeras pueden ser de tipo industrial o domésticas, ya sea a través de residuos líquidos, como las aguas domésticas, o por contaminación atmosférica, debido al material articulado que luego cae sobre el suelo.

La FAO y PNUMA en su informe sobre evaluación mundial de los suelos contaminados establece que:

> *La contaminación del suelo, un proceso de degradación química que consume los suelos fértiles, puede ser invisible a los ojos humanos, pero compromete los alimentos que comemos, el agua que bebemos y el aire que respiramos. La mayoría de los contaminantes tienen su origen en las actividades humanas y se liberan en el medio ambiente debido a prácticas inadecuadas de producción, consumo y eliminación, como las prácticas agrícolas insostenibles, los procesos industriales y la minería poco respetuosos con el medio ambiente, así como la gestión deficiente de los residuos.*

Las consecuencias de la contaminación del suelo repercuten en nuestras vidas ya que compromete la calidad de los alimentos que comemos, el agua que bebemos y el aire que respiramos, poniendo en riesgo nuestra salud y la medioambiental.

Principales agentes contaminantes del suelo

Entre los principales elementos contaminantes de los suelos se pueden destacar los siguientes:

Plaguicidas

A partir de la década de los 50 surge la llamada revolución verde, que implicó el cambio de prácticas agrícolas enfocada principalmente en el uso intensivo del suelo mediante la mecanización, la utilización de fertilizantes y plaguicidas, de variedades de semillas híbridas y el aumento de la superficie de regadíos. Todo ello con el objetivo de alimentar a una población mundial en aumento.

Este tipo de prácticas han creado a lo largo del tiempo la pérdida de suelo y su biodiversidad, debido al agotamiento de la capa arable fértil.

Los plaguicidas son los principales contaminantes del suelo, su acción no solo afecta contaminando a los suelos, sino que también, al tener efectos sobre los insectos plaga, incide sobre otras especies del entorno donde se aplican, en especial a los polinizadores como las abejas y resto de fauna. Esto provocan desequilibrios en el medio ambiente y además la contaminación llega hasta nuestros alimentos causando graves problemas de salud.

Existen distintos tipos de plaguicidas y se clasifican de acuerdo a su acción, entre ellos se pueden diferenciar los siguientes grupos:

- **Insecticidas.** Se usan para exterminar plagas de insectos. Uno de los insecticidas más usados es desde hace más de 40 años, el DDT. Este es un organoclorado que actúa por contacto, es sumamente tóxico y por ello se prohibió, hace unos años, pero aun sigue estando en nuestro ambiente y organismo, ya que se introduce en las cadenas alimenticias y se concentran en el tejido graso de los animales, siendo los mamíferos y en especial en los humanos los que mayor concentración presentan por ser carnívoros de segundo orden. Puede mantenerse por 10 años o más en los suelos y no se descompone. Hay otros insecticidas, que son biodegradables y no se concentran, pero su acción tóxica está asociada en la manifestación de alteraciones del sistema nervioso e infertilidad, entre otras.
- **Herbicidas.** Son un tipo de compuesto químico que destruye la vegetación, ya que impiden el crecimiento de los vegetales en su etapa juvenil o bien ejercen una acción sobre el metabolismo de los vegetales adultos y afectan gravemente la biodiversidad del suelo y por ende su fertilidad.
- **Fungicidas.** Son plaguicidas que se usan para combatir el desarrollo de los hongos (fitoparásitos). Contienen azufre y cobre. Su

acción también afecta gravemente las poblaciones de hongos beneficiosos del suelo, alterando el equilibrio natural y por lo tanto su fertilidad.

Actualmente, se hace cada vez más hincapié en un manejo sostenible del suelo, evitando el uso de sustancias químicas y manteniendo prácticas agrícolas sostenibles así como sistemas de producción respetuosos con el medio ambiente como son la producción ecológica. Esta se fomenta en el Pacto Verde Europeo, creando un sistema alimentario sostenible basado en la estrategia de la granja a la mesa; que plantea una disminución del uso de plaguicidas al 50 % para el año 2030 a fin de proteger la biodiversidad y los polinizadores. La misma está en consonancia con la Estrategia de la UE sobre Biodiversidad para 2030.

Por otro lado, la normativa que controla el uso de productos fitosanitarios es más exigente debido a los estudios que evidencian los efectos nocivos de estos para el medio ambiente y la salud de las personas, regulando el mercado y las autorizaciones de aplicación de los mismos.

Actividad minera

La actividad minera también contamina los suelos, a través de las aguas de lavado. De este modo, llegan hasta ellos ciertos elementos químicos como mercurio (Hg), cadmio (Cd), cobre (Cu), arsénico (As), plomo (Pb), etcétera. Por ejemplo: el mercurio que se origina en las industrias de cemento, industria del papel, plantas de cloro y soda, actividad volcánica, etc.

Algunos de sus efectos tóxicos se traducen en la alteración en el sistema nervioso y renal. En los niños, provoca disminución del coeficiente intelectual, en los adultos, altera su carácter, poniéndolos más agresivos.

Otro caso, es el arsénico que se origina en la industria minera. Este mineral produce efectos tóxicos a nivel de la piel, pulmones, corazón y sistema nervioso.

Residuos

Nuestras actividades y el sustento de la vida basada en la producción y consumo desmesurado, genera cada día diversos tipos de residuos que deben gestionarse de manera adecuada para evitar que los mismos alteren y contaminen el entorno y sus recursos. Entre los principales residuos que se generan en una sociedad industrializada, encontramos:

- **Residuos domésticos:** papel, cartón, vidrios, aceites domésticos, textil, calzado, medicamentos, etc.
- **Biorresiduos:** residuos de origen orgánico y/o vegetal.
- **Envases**
- **Neumáticos**
- **Vehículos**
- **Tierras y escombros (RCD)**
- **Aceites industriales**
- **PCB:** son una serie de compuestos organoclorados, utilizados en aceites lubricantes, dieléctricos, fluidos hidráulicos, resinas aislantes, pinturas, ceras, selladores de juntas de hormigón, etc.
- **Lodos de depuradora**
- **Aparatos eléctricos y electrónicos**
- **Pilas y acumuladores**
- **Residuos mineros**
- **Residuos sanitarios**
- **SANDACH:** subproductos animales y productos derivados, no destinados al consumo humano.

Muchos de estos residuos se consideran como peligrosos y requieren de gestión una especial, como son los neumáticos, escombros, vehículos, aparatos eléctricos, etc. Otros podemos reconocerlos en nuestro entorno en forma de contaminantes como los envases plásticos. La política de gestión de residuos en España ha sido muy deficiente, siendo la mayor parte de los mismos gestionada por medio de incineración o vertederos, con las consecuencias que tienen en cuanto a contaminación del suelo y del aire.

La Ley 7/2022, de 8 de abril, de residuos y suelos contaminados para una economía circular, tiene como objetivo minimizar los efectos negativos de la generación y gestión de los residuos en la salud humana y el medio ambiente, afectando principalmente en el cambio climático y la contaminación del mar.

Esquema de las diferentes partes de un vertedero controlado

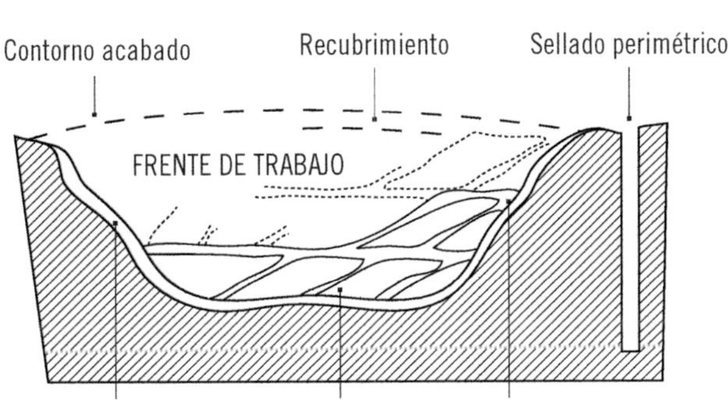

Los residuos depositados en vertederos son una fuente difusa de emisión de gases de efecto invernadero, principalmente debido al metano emitido por los residuos biodegradables. Esto se puede reducir promoviendo la reutilización y aprovechamiento de estos residuos como el compostaje, que favorece la producción de abonos que se pueden usar en parques y jardines públicos. La implantación de modelos de economía circular contribuirá a una política de gestión de residuos más sostenibles.

Recuerde

Los principales agentes contaminantes del suelo son los residuos depositados, el uso de plaguicidas y contaminantes químicos desprendidos con la actividad minera.

Consecuencias de la contaminación del suelo

La presencia de contaminantes en un suelo supone la existencia de potenciales efectos nocivos para el hombre, la fauna en general y la vegetación. Estos efectos tóxicos dependerán de las características toxicológicas de cada contaminante y de la concentración del mismo. La enorme variedad de sustancias contaminantes existentes implica un amplio espectro de afecciones toxicológicas.

De forma general, la presencia de contaminantes en el suelo se refleja de forma directa sobre la vegetación induciendo su degradación, la reducción del número de especies presentes en ese suelo, y más frecuentemente la acumulación de contaminantes en las plantas, sin generar daños notables en estas. En el hombre, los efectos se restringen a la ingestión y contacto dérmico, que en algunos casos ha desembocado en intoxicaciones por metales pesados y más fácilmente por compuestos orgánicos volátiles o semivolátiles.

Indirectamente, a través de la cadena trófica, la incidencia de un suelo contaminado puede ser más relevante. Absorbidos y acumulados por la vegetación, los contaminantes del suelo pasan a la fauna en dosis muy superiores a las que podrían hacerlo por ingestión de tierra. Cuando estas sustancias son bioacumulables el riesgo se amplifica al incrementarse las concentraciones de contaminantes a medida que ascendemos en la cadena trófica, en cuya cima se encuentra el hombre.

Además de los anteriores efectos comentados, hay otros efectos inducidos por un suelo contaminado, como por ejemplo:

- **Degradación paisajística:** la presencia de vertidos y acumulación de residuos en lugares no acondicionados, generan una pérdida de calidad del paisaje, a la que se añadiría en los casos más graves el deterioro de la vegetación, el abandono de la actividad agropecuaria y la desaparición de la fauna.
- **Pérdida de valor del suelo:** económicamente, y sin considerar los costes de la recuperación de un suelo, la presencia de contaminantes en un área supone la desvalorización de la misma, derivada de

las restricciones de usos que se impongan a este suelo, y por tanto, una pérdida económica para sus propietarios.

3. La protección ambiental

La protección del medio ambiente y el desarrollo de medidas respetuosas con el mismo, se han ido introduciendo de manera creciente en las políticas económicas de los diferentes países. Sin embargo, la escasa concienciación ambiental de la población y la necesidad de alcanzar un nivel elevado de protección de los recursos naturales ha dado lugar a la introducción de medidas coercitivas y de presión que garanticen el cumplimiento de la normativa ambiental.

Los instrumentos, que actualmente se emplean para el cumplimiento de la legislación ambiental y la protección del medio ambiente se pueden clasificar de la siguiente forma:

3.1. Instrumentos administrativos

Estos instrumentos están constituidos por reglamentos y normas que regulan el control de la contaminación. Para su aplicación se pueden utilizar diferentes herramientas, entra ellas las más utilizadas son:

- **Estándares de contaminación:** se refieren a los límites de contaminación que establecen la administración para las diferentes actividades económicas.
- **Ordenación por zonas:** consiste en la ubicación de las actividades industriales y cualquier otra actividad con incidencia ambiental en áreas con menor vulnerabilidad ambiental.
- **Sanciones:** serán aplicables en el caso de incumplimiento de las normas o regulaciones en materia ambiental.
- **Clasificación de actividades y su autorización:** consiste en establecer procedimientos de evaluación para las actividades en función de que sean más o menos contaminantes, al igual que procedimientos de evaluación para los impactos ambientales y las actividades con requisitos especiales.

3.2. Instrumentos económicos

Estos instrumentos se refieren a aquellos que al aplicarlos afectan a los costes o beneficios producidos por las actividades económicas. Las vías para ejecutarlos son:

- **Impuestos ecológicos:** los impuestos ecológicos son impuestos aplicables a las actividades económicas que generen contaminación.
- **Autorizaciones negociables:** son permisos que fijan límites de emisión de contaminantes, los cuales no pueden ser superados. En el momento que sean superados se aplicará una sanción económica. Se dice que son negociables porque entre las diferentes empresas se permiten la compra-venta de permisos de empresas que emiten niveles inferiores de contaminación a empresas con mayores emisiones de contaminación para que pueda seguir contaminando hasta el límite que establezca el permiso.
- **Ayudas financieras y fiscales:** consiste en premiar a las empresas cuyas actividades reduzcan su contaminación o empleen medidas que respeten el medio ambiente. Estas ayudas pueden ir encaminadas a la adquisición y equipamiento de tecnologías que reduzcan la emisión de contaminantes o ayudas económicas directas, tales como ventajas fiscales, créditos blandos, subvenciones, etc.

3.3. Instrumentos de mercado

Estos instrumentos se aplican para contribuir a una fijación de precios y a diferenciar productos y actividades que respeten al medio ambiente. La forma de aplicar este instrumento puede ser a través de los siguientes sistemas:

Sistemas de etiqueta ecológica

Es un sistema de certificación por el cual las empresas elaboran productos y servicios bajo criterios de sostenibilidad. Estas etiquetas permiten a los usuarios conocer que esos productos son respetuosos con el medio ambiente.

La marca de la gestión forestal responsable

Logotipos que llevan los productos de agricultura ecológica en España y Unión Europea

Sistemas de Gestión Ambiental

Consisten en la implantación en las empresas de un mecanismo que permite controlar la gestión de sus actividades tomando en cuenta los aspectos ambientales. Con estos sistemas, las empresas logran reducir sus impactos ambientales y garantizar el respeto al medio ambiente.

Contabilidad verde

Consiste en incluir en la gestión de la contabilidad de las empresas los costes asociados a la adopción de medidas respetuosas con el medio ambiente.

Recuerde

Los permisos negociables son permisos establecidos por la Administración que fijan límites de emisión de contaminantes que no pueden ser superados.

3.4. Política en materia ambiental

Se entiende por política ambiental al conjunto de procedimientos y actividades por medio de las cuales, las diferentes entidades de gobierno pretender alcanzar unos determinados objetivos en relación a la protección del medio ambiente.

La política ambiental europea se expresa principalmente por medio de directivas, si bien hoy en día, los acuerdos voluntarios, las etiquetas ecológicas o los sistemas de ecoauditorías son otras tantas medidas de conseguirlo.

El medio ambiente es probablemente el ámbito político clave más difícil de controlar por la Unión Europea. Mientras algunos Estados Miembros pueden compartir la belleza de los paisajes y la naturaleza de Europa, también deben compartir el peso de la lluvia ácida, la contaminación de las aguas y la eliminación de residuos. Los fenómenos meteorológicos extremos son cada vez más frecuentes, lo que pone en evidencia que el cambio climático es un problema que afecta a todos los ciudadanos, al tiempo que influye en todos los niveles de la política ambiental

Hasta final de la década de los sesenta ningún país europeo tenía una política ambiental claramente definida. No obstante, a lo largo de los últimos treinta años, se han logrado avances significativos, tales como la creación de un sistema global de controles ambientales en la Unión Europea.

La política medioambiental europea se sustenta sobre los artículos 11 y 191 a 193, del Tratado de Funcionamiento de la Unión Europea. Actualmente la lucha contra el cambio climático y el desarrollo sostenible son los principales objetivos de su política ambiental, que busca alcanzar un alto nivel de protección y mejora de la calidad del medio ambiente ya que de ello depende su economía y el bienestar ciudadano.

Actualmente la Unión Europea ha desarrollado y aplica normativas medioambientales que figuran entre las más estrictas del mundo. La aplicación de estas políticas tiene una visión a largo plazo (2050) y se plantean objetivos ambiciosos para los que se destinan medios como son la investigación, legislación y financiación. Los principales objetivos son:

- Proteger, conservar y mejorar el capital natural.
- Lograr una economía de bajas emisiones, eficiente en el uso de los recursos, ecológica y competitiva.
- Minimizar los riesgos medioambientales para la salud y el bienestar de los ciudadanos.

Estas políticas son implementadas por todos los gobiernos de sus estados miembros, mediante la trasposición de directivas a sus propias legislaciones.

Es necesario recordar que, para llegar a la protección ambiental actual, se ha recorrido un largo camino. A continuación, se comentarán los acuerdos que han sido pilares fundamentales para llegar a la gestión ambiental actual:

- **Cumbre de París (1972).** En esta cumbre se admitió que era necesario prestar atención al medio ambiente en el contexto de la expansión económica y la calidad de vida. El resultado fue el primer Plan de Acción Ambiental. A este, le siguieron varios programas plurianuales y una serie de directivas.
- **El Acta Única Europea (1987).** El Acta Única Europea marca un punto de referencia en la política ambiental ya que a partir de este se introdujo la variable ambiental en los tratados de la Unión Europea.
- **El Tratado de Maastricht (1992).** Con este tratado, la política ambiental obtiene un elevado nivel, llegando a adquirir la misma importancia que cualquier otra política de la Unión Europea.
- **El Tratado de Ámsterdam (1999).** El Tratado de Ámsterdam refuerza la política ambiental mediante la integración del concepto de Desarrollo Sostenible entre los objetivos de la Comunidad Europea.
- **El Tratado de Lisboa (2007).** Con este Tratado se pretende hacer una Unión Europa más democrática, eficiente y mejor capacitada para afrontar, con una sola voz, los problemas ambientales mundiales, como el cambio climático y el efecto invernadero.

El eje principal de la política ambiental en la actualidad gira en torno al Pacto Verde Europeo, que tiene como fin lograr la neutralidad climáticamente en 2050. Para ello la Comisión propuso el 4 de marzo de 2020, la Ley Europea del Clima, que plantea una reducción neta de las emisiones de gases de efecto invernadero.

La Agenda 2030 y el Acuerdo de París sobre el Cambio Climático, son la hoja de ruta para lograr un marco mundial de cooperación internacional en materia de desarrollo sostenible, contemplando sus dimensiones económica, social, medioambiental y de gobernanza.

Por otro lado, el Pacto Europeo por el Clima, busca que las personas, las comunidades y las organizaciones participen en la acción climática de Europa aprendiendo sobre el cambio climático, desarrollando e implementando soluciones las cuales pueden conectarse con otros y maximizar su impacto.

A otro nivel, se ha adoptado la Estrategia Europea de adaptación al cambio climático, el 24 de febrero de 2021, para lograr ser resilientes a los impactos inevitables del cambio climático para 2050, a través de una adaptación más inteligente, utilizando tecnología e innovación, rápida, ya que los efectos son ya evidentes y urge actuar y de manera sistémica, porque los impactos afectan a todos los niveles de la sociedad y en todos los sectores de la economía. La implementación de estrategias y planes de adaptación implican las soluciones basadas en la naturaleza y sobre todo acciones de adaptación local.

En la política ambiental europea es fundamental la protección del entorno natural, ya que los mares, los océanos y el medio ambiente son su principal fuente de riqueza natural y económica. Por lo que el Pacto Verde Europeo incluye las siguientes **medidas:**

- Estrategia sobre Biodiversidad para 2030
- Plan de Acción para la Economía Circular
- Estrategia de sostenibilidad para las sustancias químicas
- Plan de Acción Ecológico
- Estrategia de la Economía Azul
- Plan de Acción «Contaminación Cero»
- Residuos y reciclado
- Baterías sostenibles
- Estrategia «De la Granja a la Mesa»
- Política pesquera común

Un ejemplo de esto es la nueva Estrategia Forestal Europea, dentro de la estrategia de biodiversidad para 2030 que reconoce el papel multifuncional de los bosques para lograr una economía sostenible y climáticamente neutra para 2050 y para preservar las áreas rurales vivas.

Programas de acción ambiental

Los programas de acción ambiental de la Unión Europea, que se empezaron a elaborar en 1972, han favorecido la integración de cuestiones ecológicas y ambientales en las políticas comunitarias de medio ambiente.

Desde el año 2014, y hasta el año 2020, se desarrolló el Séptimo Programa Ambiental de la Unión Europea (denominado *Programa General de medio ambiente),* llamado: **«Vivir bien, respetando los límites de nuestro planeta».**

El programa estableció el marco para la actuación medioambiental de la Unión Europea hasta el 31 de diciembre de 2020, (de acuerdo con una perspectiva clara a **largo plazo para 2050).**

En diciembre de 2020, culminó el séptimo programa ambiental de la Unión europea. Actualmente está en vigor el octavo (VIII PMA) que finaliza el 31 de diciembre 2030. El mismo, tiene como fin acelerar la transición ecológica de manera justa e inclusiva, con el objetivo a largo plazo **«Vivir bien, respetando los límites de nuestro planeta»** de aquí a 2050.

Su principal objetivo es acelerar la transición ecológica hacia una economía climáticamente neutra, sostenible, no tóxica, eficiente en el uso de los recursos, basada en las energías renovables, resiliente, competitiva y circular de forma justa, equitativa e integradora, así como proteger, restaurar y mejorar el estado del medio ambiente, entre otras cosas deteniendo e invirtiendo la pérdida de biodiversidad.

Constituye la base para la consecución de los objetivos climáticos y medioambientales definidos en la Agenda 2030 de las Naciones Unidas y sus ODS, así como de los objetivos de los acuerdos medioambientales multilaterales en materia de medio ambiente y clima sobre la base del Pacto Verde Europeo.

El VIII PMA fija seis objetivos prioritarios:

1. Reducir las emisiones de gases de efecto invernadero y, al mismo tiempo, el incremento de las absorciones por sumideros naturales en la

Unión para alcanzar el objetivo de reducción de las emisiones de gases de efecto invernadero para 2030.

2. Favorecer la capacidad de adaptación, la resiliencia reduciendo la vulnerabilidad del medio ambiente, de la sociedad y de la totalidad de sectores de la economía, al cambio climático, mejorando la prevención de las catástrofes derivadas de este.
3. Evolucionar hacia una economía circular no tóxica en la que el crecimiento sea regenerativo y los recursos se utilicen de manera eficiente y sostenible y se aplique la jerarquía de residuos.
4. Lograr la contaminación cero, a fin de lograr un entorno sin sustancias tóxicas, incluidos el aire, el agua y el suelo, la contaminación lumínica y acústica, y la protección de la salud y el bienestar de las personas, los animales y los ecosistemas frente a los riesgos e impactos negativos medioambientales.
5. Proteger, conservar y recuperar de la biodiversidad marina, terrestre y de las aguas interiores dentro y fuera de las zonas protegidas, deteniendo e invirtiendo la pérdida de biodiversidad y mejorando el estado de los ecosistemas, sus funciones y los servicios que prestan.
6. Fomentar de los aspectos medioambientales de la sostenibilidad, y la reducción significativa de las principales presiones climáticas y medioambientales asociadas a la producción y el consumo, en particular en los ámbitos de la energía, la industria, los edificios y las infraestructuras, la movilidad, el turismo, el comercio internacional y el sistema alimentario.

Resulta indispensable integrar las consideraciones ambientales en los objetivos europeos que implican crecimiento económico, competencia y empleo. Como se insiste en este programa está todo interrelacionado y los problemas económicos y sociales siempre tienen que tenerse en cuenta en materia ambiental.

Nota

Fue a partir del V Programa Comunitario para el medio ambiente, aprobado en 1992, cuando el medio ambiente adquirió importancia dentro de la Unión Europea porque, por primera vez, se le dio rango de política.

La política ambiental de España

La política ambiental en España ha experimentado una evolución paralela a la evolución experimentada en la política ambiental desarrollada en Europa. De hecho, una de las condiciones más apremiantes para la incorporación de España a la Unión Europea fue la de contar con una legislación adecuada y una política eficiente que permitiera a España cumplir con las exigencias de la protección del medio ambiente, al igual que el resto de los demás países miembros.

La entidad encargada de la gestión y organización del medio ambiente, y del que dependen los diferentes órganos directivos de los recursos naturales y áreas, es el Ministerio para la Transición Ecológica y el Reto Demográfico. El cual es responsable de áreas como energía, agua, biodiversidad y bosques, costas y medio marino, calidad y evaluación ambiental, cambio climático, educación ambiental y transición justa.

El principal punto de referencia para la política ambiental en España, se encuentra recogido en el **Artículo 45 de la Constitución Española,** dónde se establece que:

- *Todos tienen el derecho a disfrutar de un medio ambiente adecuado para el desarrollo de la persona, así como el deber de conservarlo.*
- *Los poderes públicos velarán por la utilización racional de todos los recursos naturales, con el fin de proteger y mejorar la calidad de vida y defender y restaurar el medio ambiente, apoyándose en la indispensable solidaridad colectiva.*
- *Para quienes violen lo dispuesto en el apartado anterior, en los términos que la Ley fije se establecerán sanciones penales o, en su caso, administrativas, así como la obligación de reparar el daño causado.*

En relación, a la organización de la política ambiental en España hay que subrayar que **el estado tiene competencia exclusiva en legislación básica sobre medio ambiente,** aunque se han ido cediendo competencias a las distintas comunidades autonómicas en muy diferentes materias. Además, las autonomías y los municipios son competentes en muchas cuestiones ambientales, concretamente las comunidades autónomas dictan Leyes y Decretos Autonómicos, mientras que los municipios dictan las Ordenanzas Municipales que regulan cuestiones muy diversas en este campo.

Los **objetivos de la política ambiental española** giran en torno a los siguientes apartados:

1. Alcanzar un elevado nivel de calidad ambiental.
2. Garantizar un alto nivel de salubridad para las personas.
3. Realizar un uso racional de los recursos naturales.

Alcance de la política ambiental española

Podemos determinar que la política ambiental española se encuentra constituida por las siguientes temáticas:

Política ambiental respecto a la contaminación atmosférica

España forma parte de la red **EUROAIRNET,** creada por la Unión Europea para evaluar la calidad del aire. Para esta evaluación, EUROAIRNET ha instalado estaciones de muestreo en áreas urbanas, industriales y rurales para conocer la exposición de los ecosistemas a la contaminación.

Por otro lado, España también se adhirió al Acuerdo Internacional de Ginebra por el que se compromete a reducir sus niveles de emisión de azufre. Al igual que se adhirió al Acuerdo de Montreal, por el que se prohíbe la producción de comercialización y uso de CFC, salvo para cuestiones esenciales (inhaladores respiratorios).

De igual forma, según el Protocolo de Kyoto, las emisiones de gases responsables del efecto invernadero para España no deben rebasar el aumento autorizado del 15 %.

El 12 de diciembre de 2015, en la XXI Conferencia de las Partes de la Convención Marco de las Naciones Unidas para el Cambio Climático se alcanzó el Acuerdo de París, un hito histórico en la lucha contra el cambio climático donde, por primera vez, se consigue una participación universal de todos los países. Recoge 190 Planes Nacionales de lucha contra el cambio climático, que cubren el 99 % de las emisiones de gases de efecto invernadero.

El mismo, tiene por objetivo lograr que el aumento de la temperatura media global del planeta quede por debajo de los 2 °C respecto a los niveles preindustriales, e intenta lograr además esfuerzos adicionales que hagan posible que el calentamiento global no supere los 1,5 °C.

También existe un proyecto de Ley sobre contaminación acústica, en el que se incluye como novedad lograr la calidad acústica no solo mediante mediciones sino también teniendo en cuenta la opinión del ciudadano. Por este proyecto de Ley, las áreas urbanas se clasificarán por sensibilidad acústica y solo se permitirán los usos de suelo compatible, al igual que la recuperación de ambientes sonoros degradados mediante la construcción de pantallas acústicas en el entorno de las carreteras.

Política ambiental respecto a la degradación del suelo

El suelo juega un papel clave en la mitigación del cambio climático a través de su almacenamiento y de la reducción de las emisiones de gases de efecto invernadero en la atmósfera, tal y como reconoce el Acuerdo de París. España está adherida a la iniciativa "4 por mil", que busca aumentar la capacidad de absorción de los suelos agrícolas un 0,4 %, promocionando determinadas prácticas de manejo sostenibles, mientras que a nivel europeo el **reglamento LULUCF** *(Land Use, Land-Use Change and Forestry)* reducirá las emisiones de gases de efecto invernadero a través del incremento de las absorciones relacionadas con el uso del suelo y las actividades forestales.

Con respecto a la contaminación del suelo, en 2017, España modificó la relación de actividades consideradas potencialmente contaminantes para el suelo y los criterios para su identificación mediante la Orden PRA/1080/2017.

Para evitar la contaminación de suelos, España cuenta con el Plan Nacional de Recuperación de Suelos Contaminados, así como con un Plan de Buenas Prácticas Agrarias.

Para la lucha contra la erosión se constituyó el **proyecto LUCDEME** (lucha contra la erosión en el Mediterráneo) y el programa de Acción Nacional de la Desertización.

Sabía que...

Gracias al Proyecto LUCDEME se han realizado 132 hojas de mapas digitalizados a escala 1:100.000 correspondientes al sureste de España (provincias de Granada y Almería), que sirven como herramientas para el diseño de las actuaciones a efectuar para la restauración o rehabilitación de las áreas afectadas por la desertificación en esa zona.

Política ambiental respecto a la sobreexplotación y contaminación de las aguas

El **Real Decreto Legislativo 1/2001**, de 20 de julio, por el que se aprueba el texto refundido de la Ley de Aguas, tiene por objeto la regulación del dominio público hidráulico, del uso del agua y del ejercicio de las competencias atribuidas al Estado en las materias relacionadas con el mismo. Además, establece las normas básicas de protección de las aguas continentales, costeras y de transición. Siendo integradas las aguas continentales superficiales, así como las subterráneas renovables en el ciclo hidrológico, formando parte del dominio público hidráulico estatal.

Por lo tanto, el sistema de planificación y gestión del agua garantiza el suministro de la misma en cantidad y en calidad suficiente para sociedad y su economía.

Los Objetivos de Desarrollo Sostenible (ODS) y la Agenda 2030, marcan la necesidad de implantar las acciones que garanticen la seguridad hídrica junto con la restauración de servicios ambientales ligados al agua. Por lo que, la **Ley 7/2021,** de 20 de mayo, de cambio climático y transición energética propone elaborar una serie de orientaciones sobre la gestión del agua y el cambio climático que se deberán contemplar la planificación y la gestión del agua en España haciendo frente a los retos presentes y futuros de la misma.

Con esta política España pretende alcanzar elevados índices de calidad de agua. Para ello se sirve por ejemplo del **Plan Nacional de Calidad de las aguas: Saneamiento y Depuración,** de planes para delimitar las zonas que pueden ser objeto de sobreexplotación o degradación, de programas de aguas subterráneas para evitar la sobreexplotación de acuíferos y proyectos de recuperación y prevención de contaminación de playas.

Política ambiental respecto a los residuos domésticos

La política en cuanto a residuos domésticos en España, está amparada por la **Ley 11/2012,** de 19 de diciembre, de medidas urgentes en materia de medio ambiente y la actual **Ley 7/2022,** de 8 de abril, de residuos y suelos contaminados para una economía circular. Esta última tiene por objeto sentar los principios de la economía circular a través de la legislación básica en materia de residuos, reduciendo al mínimo los efectos negativos de la generación y gestión de los residuos en la salud humana y el medio ambiente, fomentando el reciclado y la reutilización.

El objetivo de esta política consiste en la reducción, recuperación y reciclaje de desechos mediante la producción de biogás o compost, el reciclado de papel, vidrio, pilas, envases, neumáticos y vehículos fuera de uso. Al igual que el cierre de vertederos incontrolados y la recuperación de áreas afectadas por ello.

Política ambiental respecto a la concienciación ciudadana

Para ello se utilizan con medidas que fomenten el etiquetado ecológico, auditorías ambientales en las industrias y el desarrollo de programas de educación ambiental en los colegios.

El **Plan de Acción de Educación Ambiental para la Sostenibilidad** (2021-2025) del Gobierno de España, tiene como objetivo: "impulsar, reforzar y articular los instrumentos sociales necesarios para desarrollar los aprendizajes, reflexiones, actitudes y competencias que requerimos para afrontar la emergencia climática y ambiental, así como los complejos retos socioambientales que enfrentamos hoy en día a fin de evitar las repercusiones de la degradación ambiental en nuestra salud y bienestar individual y colectivo".

Entre sus principales metas establecidas por MITECO están:

- Contribuir a promover un cambio sistémico en nuestra forma de relacionarnos con el entorno, que afecte a todas las dimensiones de nuestra actividad individual y colectiva y que permita profundizar y acelerar la transición ecológica.
- Reforzar el papel de la Educación Ambiental para la Sostenibilidad como herramienta esencial para lograr la necesaria transformación social, cultural y económica que la emergencia climática y ambiental requieren.

Además, se realizan distintas campañas de concienciación ciudadana para proteger el medio ambiente como por ejemplo las realizadas cada verano para la prevención contra los incendios forestales en España.

En 2020, el Ministerio para la Transición Ecológica y el Reto Demográfico lanza la **Estrategia Nacional de Infraestructura Verde y de la Conectividad y Restauración Ecológicas,** una herramienta de planificación fundamental para identificar, conservar y recuperar los ecosistemas dañados de todo el territorio español.

Ejercicios de repaso y autoevaluación

1. La naturaleza química, la concentración y la persistencia del contaminante son factores que determinan...

a. ... el tipo de contaminación.
b. ... la severidad del contaminante.
c. ... los efectos de la contaminación.
d. Todas las opciones son correctas.

2. Los contaminantes xenobióticos son aquellos...

a. ... originados por factores naturales.
b. ... que originan la contaminación biológica.
c. ... de menor impacto ambiental.
d. ... químicos sintéticos.

3. Los desechos orgánicos y las sustancias químicas inorgánicas son agentes contaminantes del...

a. ... aire.
b. ... suelo.
c. ... agua.
d. ... aire y del agua.

4. Los principales efectos de la contaminación del suelo son:

a. Degradación paisajística.
b. Pérdida del valor del suelo.
c. Pérdida de biodiversidad al afectar a la flora y la fauna.
d. Todas opciones son correctas.

5. La destrucción o daño a la fauna silvestre de lagos y arroyos, y también a las construcciones hechas por el hombre, tales como edificios y monumentos al aire libre es consecuencia de la contaminación del...

a. ... aire.
b. ... suelo.
c. ... agua.
d. Todas las opciones son correctas.

6. Los impuestos ecológicos son instrumentos de protección ambiental...

a. ... financieros.
b. ... fiscales.
c. ... tributarios.
d. ... económicos.

Unidad Didáctica 3

El derecho en el medio ambiente

Contenido

1. Conceptos generales sobre Derecho Ambiental
2. La responsabilidad ambiental
3. El derecho a la información ambiental
4. La participación pública en la política ambiental

Unidad Didáctica 3

El derecho en el medio ambiente

1. Conceptos generales sobre Derecho Ambiental

El medio ambiente es considerado como patrimonio común, y por este motivo merece protección jurídica. Por otro lado, es también considerado, como un bien que enriquece y aumenta el patrimonio individual y colectivo. De ahí el reconocimiento de la legitimidad procesal activa a cargo de los ciudadanos comunes, para que se puedan intentar acciones jurídicas y administrativas por cualquier ciudadano para obtener su protección, perturbación, reparación y resarcimiento.

El Derecho Ambiental, como tal, tiene su aparición internacional en el año 1972 a raíz de la promulgación de la Declaración de Estocolmo sobre medio ambiente. Se ve ampliado por la publicación de la Carta de la Tierra en el año 1982, la Declaración de Río sobre medio ambiente y Desarrollo en el año 1992 y por la cumbre celebrada en Johannesburgo en 2002 sobre Desarrollo Sostenible.

En el año 2012 se celebra la **Conferencia de desarrollo sostenible de Naciones Unidas o Conferencia de desarrollo sustentable de Naciones Unidas,** también conocida como **Río 2012** o **Río+20,** coincidiendo con el 20º aniversario de la Cumbre de la Tierra de Río de Janeiro de 1992.

El Derecho Ambiental se ha construido y se sigue construyendo a base de leyes, documentos e instrumentos internacionales, conocidos comúnmente como *soft laws,* o leyes blandas. Estos instrumentos son denominados así porque sus disposiciones no son de carácter obligatorio y con frecuencia en su redacción no se contemplan los mecanismos para hacer cumplir dichas disposiciones, ni las sanciones para los casos de no acatamiento por parte de un Estado o de particulares.

El Derecho Ambiental es un derecho de carácter administrativo, auxiliado poderosamente del derecho penal, civil, mercantil, internacional público, económico, tributario y procesal, etc.

La vinculación del Derecho Ambiental con otras ciencias (economía, química, agronomía, ingeniería, arquitectura, biología, medicina, etc.) hace de este derecho una disciplina rectora y guía para el diseño, análisis, planificación, autorización y ejecución de programas, decisiones y disposiciones, que estas ciencias realizan.

El objetivo del Derecho Ambiental es el de regular una variada gama de actos y acciones humanas atentatorias y nocivas para el medio ambiente.

Podemos establecer que el origen del Derecho Ambiental se encuentra recogido en el sector científico, ya que fue este sector el primero en advertir a la comunidad mundial de los peligros inherentes a los que se veían sometidos los recursos naturales del planeta. Tal es así, que estamos en lo correcto si decimos que el motor que impulsa al Derecho Ambiental es la percepción científica de los daños causados al ambiente.

El Derecho Ambiental no se origina en políticas estatales ni en las costumbres populares, ni tampoco en las elaboraciones por parte de los juristas, aunque, si es cierto, que en un momento dado se beneficia de la colaboración de todos ellos.

Para el Profesor Raúl Brañes (El Acceso a la Justicia Ambiental en América Latina, PNUMA. 2000) el Derecho Ambiental:

> *Está constituido por el conjunto de normas jurídicas que regulan las conductas humanas que pueden influir de una manera relevante en los procesos de interacción que tienen lugar entre los sistemas de los organismos vivos, sus sistemas de ambiente, mediante la generación de efectos de los que se esperan una modificación significativa de las condiciones de existencia de dichos organismos.*

La definición generalizada que se acepta del Derecho Ambiental es la siguiente:

> *El Derecho Ambiental es el conjunto de normas e instituciones jurídicas que persiguen proteger, restaurar, conservar, mejorar y hacer un uso sostenible del medio ambiente y los recursos naturales, a través de medidas de prevención y la aplicación de sanciones de carácter administrativa, civil y penal.*

Manual de Derecho Ambiental
César A. Vargas.

Por lo que, el Derecho Ambiental toma en cuenta no solo aquellas disposiciones dictadas para la regulación de la contaminación, la protección de recursos naturales y ambientes específicos, como las áreas protegidas, sino que, debe considerar normas que aunque no hayan sido dictadas con el objeto de regular el medio ambiente inciden de manera positiva o negativa en este, como puede ser el caso de los programas de asentamientos humanos, dónde la superpoblación constituye un factor contaminante y peligroso que debe tomarse en cuenta o en la repartición de tierras reguladas por las leyes agrarias y de fomento agrícola, etc.

Nota

El Derecho Ambiental es eminentemente de carácter administrativo.

1.1. Derecho Internacional del medio ambiente

El Derecho Internacional del medio ambiente surge gracias a la percepción de que los problemas ambientales no agotan sus efectos en un entorno geográfico próximo, sino que alcanzan una dimensión mucho más amplia, que se proyecta en un plano nacional, internacional o mundial.

Características del Derecho Internacional del medio ambiente

La normativa internacional del medio ambiente presenta unas características particulares que hay que destacar, puesto que confieren al conjunto normativo una fisonomía jurídica particular:

Funcionalidad

Las normas del Derecho Internacional del medio ambiente poseen una naturaleza marcadamente funcional, cuyo objetivo consiste en lograr que el desarrollo de las actividades humanas y la explotación de los recursos naturales se lleven a cabo en un contexto de respeto al medio humano y preservación del equilibrio ecológico.

Su objetivo más que condenar y sancionar es proteger y salvaguardar, pues, la mejor forma de preservar el medio ambiente no es reprimir su deterioro, sino tratar por todos los medios del que tal deterioro no se produzca.

Multidimensionalidad

El Derecho Internacional del medio ambiente responde a exigencias de varios sectores como son el político, el económico, el científico y tecnológico y hasta el ético.

La multidimensionalidad de este Derecho resulta de la propia realidad indivisible del objeto del que se ocupa, el entorno global o medio humano y de los valores e intereses de signo diferente que caracterizan al medio ambiente.

Predominio del soft law

Este Derecho Internacional da a sus normas una contextura flexible. Las normas que lo integren en la mayoría de los casos aparecen formuladas en instrumentos que no poseen fuerza jurídica vinculante, tales como Declaraciones, Resoluciones, Programas..., los cuales no presentan carácter de obligatoriedad.

Emergencia del hard law

El núcleo fundamental de la normativa ambiental alcanza, en ocasiones, los caracteres de un derecho "fuerte", que presenta perfiles jurídicos del máximo rigor. Generalmente esto ocurre frente a la protección de intereses fundamentales de la humanidad, es decir frente a posibles impactos que se puedan producir sobre los espacios comunes del planeta que por definición carecen de dueño singular, cuya protección requiere normas más tajantes e imperativas.

Importante

El Derecho del medio ambiente no tiende a condenar y sancionar, sino a proteger y salvaguardar, para evitar que se produzca el daño ambiental.

Fuentes del Derecho Internacional del medio ambiente

Las fuentes de Derecho Internacional del medio ambiente son las mismas que las del Derecho Internacional en general. Entre ellas destacamos a:

- Los Tratados, tanto de ámbito universal como regional y local.
- La costumbre y los principios generales.
- Los procedimientos normativos informales: resoluciones de organismos y conferencias internacionales.
- El papel de la jurisprudencia y de la doctrina.

Los Tratados

Los Tratados internacionales son acuerdos de voluntades en forma escrita entre los sujetos del Derecho Internacional del medio ambiente con la intención de regular con base a las normas del Derecho Internacional sus relaciones internacionales.

Los tratados internacionales han llegado a ser el instrumento preferido para regular la protección ambiental internacional y al que sin duda se deben los mayores adelantos en la materia.

La costumbre y los principios generales

La costumbre es entendida como una regla resultante de una práctica reconocida como derecho.

Aunque es considerada como fuente del Derecho Internacional del medio ambiente, no es notoria su presencia debido principalmente a que el Derecho Internacional del medio ambiente es una materia demasiado reciente como para que la costumbre haya podido ejercer una influencia significativa. Además, la costumbre o norma consuetudinaria se acomoda mal a las exigencias y necesidades del Derecho Internacional del medio ambiente, ya que carece de flexibilidad y a menudo son demasiado genéricas.

En relación a los principios generales, es necesario recordar que con el tiempo se han ido consolidando una serie de principios fundamentales en materia de protección del medio ambiente que, pese a su generalidad, constituyen parámetros jurídicos a los que deben de ajustarse los comportamientos de los sujetos del ordenamiento internacional. Como ejemplo de esto podemos citar al principio que condenaba la contaminación transfronteriza dictado por la sentencia arbitral el 11 de marzo de 1941.

Nota

Uno de los principios fundamentales del Derecho Ambiental es: quien contamina, paga.

Los procedimientos normativos informales

Al referirnos a procedimientos normativos informales en el Derecho Internacional del medio ambiente hablamos de las resoluciones de los organismos y a las conferencias internacionales, principalmente.

Si estos procedimientos son considerados como fuente del Derecho Internacional del medio ambiente se debe principalmente al carácter de *soft law* de esta materia.

No obstante, existen ciertos casos dónde estas resoluciones no solo tienen un valor esencialmente programático, sino que presentan un carácter normativo más acusado, como es el caso de la Declaración Final de la Conferencia de Naciones Unidas sobre el Medio Humano de 1972, donde se proclamaron 26 principios relacionados con la protección del medio ambiente, o la Conferencia de Estocolmo que constituyó el punto de partida para el Derecho Internacional del medio ambiente.

La jurisprudencia y la doctrina

Las decisiones judiciales, así como la doctrina de los publicistas internacionales de mayor alcance de los diferentes países constituyen un medio auxiliar para la determinación de las reglas del Derecho Internacional del medio ambiente.

La jurisprudencia internacional, es decir, la actuación de los Tribunales Judiciales, ha experimentado en el Derecho Internacional del medio ambiente un desarrollo relativamente escaso, mientras que la doctrina ha presentado una atención destacada a los diversos aspectos de dicha materia.

Principios fundamentales del Derecho Internacional del medio ambiente

Los principios fundamentales que tiene en consideración en Derecho Internacional con respecto al medio ambiente son los siguientes:

El Principio de Cooperación Internacional para la Protección del medio ambiente

Este Principio establece el deber general de proteger el medio ambiente y postula la cooperación internacional para tal fin, es decir, determina la obligación de los Estados de proteger al medio ambiente y de cooperar en la protección del mismo.

El Principio de Prevención del Daño Ambiental Transfronterizo

Este principio establece la obligación de prevención del daño ambiental transfronterizo, así como la obligación de no causar daño ambiental.

Este principio, sin duda, inspira y vertebra el Derecho Internacional del medio ambiente, constituyendo, además, una obligación jurídicamente exigible, susceptible de generar responsabilidad en caso de no cumplimiento.

El Principio de Responsabilidad y Reparación de Daños Ambientales

Este principio se rige por los mismos principios que rige la responsabilidad internacional de los Estados ante daños internacionales.

Los Principios de Evaluación de Impacto Ambiental, de Precaución y «Quien Contamina Paga»

La Evaluación de Impacto Ambiental ha pasado a ser un principio inspirador de la acción protectora internacional. En relación al principio de precaución es importante señalar que no hay que confundirlo con el principio de prevención. La formulación más general del principio de precaución se encuentra recogida en la Declaración de Río sobre medio ambiente y Desarrollo. El principio de "*Quien Contamina Paga*" persigue sobre todo que el causante de la contaminación asuma el coste de las medidas de prevención y lucha contra la misma, sin recibir en principio ningún tipo de ayuda financiera compensatoria.

El Principio de Participación Ciudadana

Este principio recoge el derecho de toda persona física o jurídica de participar en el proceso de preparación de las decisiones que conciernen al medio ambiente.

La aplicación de las normas del Derecho Internacional del medio ambiente se realiza a través de técnicas de aplicación dónde destacan principalmente los **procedimientos informativos,** tales como:

- La exigencia de declarar y registrar determinadas actividades que comportan riesgos para el medio ambiente.
- El sistema de autorización previa.
- Los estudios de Evaluación de Impacto Ambiental.
- Los procedimientos de vigilancia ambiental.

- El sistema de ecoauditorías.
- El sistema de ecoetiquetas.

Dentro del conjunto normativo que comprende el Derecho Internacional del medio ambiente destacamos las disposiciones relativas a la:

- Protección de la atmósfera y la prevención de la contaminación transfronteriza.
- Protección y preservación del medio marino.
- La conservación de la diversidad biológica.
- El control internacional de los residuos.

1.2. Derecho ambiental en la Unión Europea

El sistema de protección ambiental que se ha conformado dentro del ámbito de la Unión Europea durante más de tres décadas es considerado hoy en día como uno de los más acabados atendiendo al enfoque con que aborda la problemática ambiental, a los instrumentos innovadores que utiliza, y a la delimitación de responsabilidades en el cuidado del ambiente.

La preocupación ambiental en la Unión Europea surgió en la década de los setenta, principalmente a raíz de la Declaración de Estocolmo sobre el Medio Humano en 1972 que implicó la adopción del Primer Programa de Protección Ambiental de la Unión Europea. A partir de este, varios programas comunitarios en materia ambiental han incorporado de manera gradual diversos principios y medidas que van desde el principio correctivo hasta el principio de prevención.

La protección ambiental en los tratados de la Comunidad Europea experimentó muchos cambios antes de convertirse en el sistema ambiental actual.

En un primer momento se introdujo una referencia al medio ambiente entre los principios generales del Tratado CEE de 1957. No fue hasta la aparición del Acta Única Europea en 1986 cuando se introdujo el Titulo VII relativo al medio ambiente con los artículos 130 R, S, T, ante la necesidad de constitucionalizar la materia, lo que marcó un hito en la configuración del sistema ambiental europeo al constituir los principios, los objetivos, y las condiciones en que se adoptarían de ahora en adelante las normas ambientales, otorgando certeza jurídica y fundamento legal a la acción comunitaria.

Posteriormente, el **Tratado de Maastricht de 1992** ya reconoció explícitamente como objetivo:

Un progreso económico y social equilibrado y sostenible.

Finalmente, en el **Tratado de la Unión Europea (TUE)** de Ámsterdam de 1997 se adoptaron los cambios que reforzaron la protección del medio ambiente como política comunitaria. El artículo 174 TUE representa la piedra de toque del Derecho Ambiental Comunitario.

La base jurídica de la política ambiental actual se basa en los Artículos 11 y 191 a 193 del Tratado de Funcionamiento de la Unión Europea (TFUE), los cuales otorgan competencia en todos los ámbitos de la política de medio ambiente, como son la contaminación del aire y el agua, la gestión de residuos y el cambio climático.

La puesta en marcha del Pacto Verde Europeo, como principal estrategia económica y ambiental, demuestra que la política ambiental es el eje transversal en la elaboración de las políticas de la UE.

Principios generales del Derecho Ambiental de la Unión Europea

Los principios relacionados con la protección ambiental en la Unión Europea se concretan en normas, instrumentos y decisiones que cumplen la función de parámetros de control en la adopción, ejecución y aplicación normativa, y entre ellos podemos destacar:

Principio de cautela y precaución

Este principio establece la obligación de actuar aun cuando no exista evidencia científica de los efectos de una determinada actividad, producto o proceso tenga efectos o impactos sobre el medio ambiente.

Principio de prevención

Este principio implica no solo el cuidado para evitar que el medio ambiente sufra daños posteriores que podrían ser irreversibles o costosos, sino que también implica la adopción de todas las medidas pertinentes en una etapa temprana.

La prevención se diferencia de la precaución porque esta exige medidas específicas.

Principio de corrección en la fuente

Este principio va más allá de la aplicación de medidas correctoras que se adoptan al final del proceso, sino que busca medidas que se adopten en la fuente misma, en el origen, cuando no sea posible prevenir o evitar el daño ambiental.

Principio de "Quien Contamina Paga"

Este principio determina la obligación de reparar el daño ambiental producido. Pero va más allá, pues implica la integración de los costos ambientales y económicos en los procesos productivos y en el diseño de las instalaciones potencialmente contaminantes.

Con el principio "Quien Contamina Paga" fábricas y empresas como la de la imagen han de reparar el daño ambiental que causan.

Lo interesante de los principios ambientales en el ámbito europeo es su vigencia; su incorporación explícita en los tratados no se queda en mera retórica en los planes ambientales, sino que mediante el Test de Eficacia de las Normas, obliga a que efectivamente se utilicen tales instrumentos para alcanzar fines, pues actúan como criterios orientadores de la acción comunitaria además de informadores de las normas.

1.3. Derecho Ambiental en España

Nuestro ordenamiento jurídico cuenta con un importante acervo y elenco de normas en materia ambiental que permiten hablar de un verdadero grupo normativo con sus rasgos y características propias.

Sin profundizar demasiado en la evolución del Derecho Ambiental en España podemos marcar como norma pionera en dicho derecho al Reglamento de Actividades Molestas, Insalubres, Nocivas y Peligrosas (Reglamento RAMINP), que ha permanecido vigente hasta su reciente derogación por la Ley 34/2007 de la Calidad del Aire y Protección de la Atmósfera.

De igual forma, con anterioridad a la Constitución Española de 1978, la vieja Ley 38/1972 (también derogada por la citada Ley 34/2007) constituyó un modelo de norma con una gran calidad técnica y una orientación innovadora en los inicios de la protección ambiental en España.

No obstante, hubo que esperar a la adhesión de España a la Comunidad Europea, en junio de 1985, para que se hiciera notar la aplicación en nuestro país del acervo comunitario ambiental.

En aquellos momentos la novedad normativa ambiental más importante en España fue la aprobación del Real Decreto Legislativo 1302/1986 de Evaluación de Impacto Ambiental. Poco después, otro hito jurídico importante lo constituyó la aprobación de la Ley 4/1989 de Conservación de Espacios Naturales y de la Flora y Fauna Silvestres que incorporó a nuestro país el derecho de la conservación de la naturaleza.

Desde el punto de vista organizativo, la creación por el Real Decreto 758/1996 del Ministerio de medio ambiente promovió un despegue de políticas públicas ambientales y, por consiguiente, del propio Derecho Ambiental.

Salvo contadas excepciones, la mayor parte de las normas legales del grupo normativo ambiental estatal han sido aprobadas en el último decenio.

El artículo 149.1.23ª de la Constitución Española de 1978 estableció como competencia exclusiva del Estado:

La Legislación Básica sobre Protección del medio ambiente, sin perjuicio de las comunidades autónomas de establecer normas adicionales de protección.

No obstante, el alcance y límites de la legislación básica del Estado han sido perfiladas por el Tribunal Constitucional a través de sentencias expresivas de la gran conflictividad que sobre la ordenación y gestión del medio ambiente se ha generado entre el Estado y las comunidades autónomas.

En cuanto a las competencias de las comunidades autónomas estableció que estas tienen competencia para complementar o reforzar los niveles de protección previstos por aquella y no solo para dictar las normas adicionales de protección.

Recuerde

En España, la legislación básica de protección ambiental concierne al Estado.

Principales grupos normativos en Materia Ambiental

De forma orientativa podemos resumir el grupo normativo básico estatal sobre medio ambiente en los grupos que se describen a continuación. Dentro de cada uno de estos grupos se ha indicado las principales normas de aplicación, aunque es importante recordar que la legislación ambiental española es mucho más amplia de lo que aquí se expone. Así, nos encontramos que:

Normativa sobre responsabilidades ambientales

En este grupo se han desarrollado las siguientes normas legales:

- La **Ley Orgánica 10/1995,** por la que se aprueba el Título XVI del Código Penal que recoge los Delitos Contra los Recursos Naturales y el medio ambiente (modificada por la Ley Orgánica 1/2015, de 30 de marzo).
- La **Ley 26/2007** de Responsabilidad Ambiental, que contempla la responsabilidad de los operadores de prevenir, evitar y reparar los daños ambientales.
- Para determinados daños que no estén contemplados por la normativa anterior y de naturaleza jurídico-administrativa se podrá aplicar el régimen de la responsabilidad civil del Código Civil.

Normativa sobre derechos de los ciudadanos relativos a la protección del medio ambiente

La **Ley 27/2006** por la que se regula los Derechos de Acceso a la Información, Participación Pública y de Acceso a la Justicia en Materia de medio ambiente.

Normativa sobre técnicas preventivas de protección ambiental

- La Ley 21/2013, de 9 de diciembre, de evaluación ambiental.

Normativa sobre protección de bienes y recursos naturales

- La **Ley 22/1973,** de Minas, posterior complementada por el Real Decreto 2994/1982 sobre Restauración de Espacios Naturales por Actividades Extractivas (actualmente derogado por el Real Decreto 975/2009, de 12 de junio, sobre gestión de los residuos de las industrias extractivas y de protección y rehabilitación del espacio afectado por actividades mineras).

- La **Ley 22/1988,** de Costas, desarrollada reglamentariamente por el Real Decreto 1471/1989.
- **Ley 2/2013,** de 29 de mayo, de protección y uso sostenible del litoral y de modificación de la Ley 22/1988, de 28 de julio, de Costas.
- **Real Decreto 876/2014,** de 10 de octubre, por el que se aprueba el Reglamento General de Costas.
- **Ley 41/2010,** de 29 de diciembre, de protección del medio marino.

Con la ley de Costas se trata de proteger el litoral de construcciones como la de la imagen que habrán de ser demolidas.

- El **Real Decreto Legislativo 2/2011,** por el que se aprueba el Texto Refundido de la Ley de Puertos del Estado y de la Marina Mercante.
- La **Ley 3/2001,** de Pesca Marítima del Estado, que otorga una importancia de primer orden a la protección de los recursos pesqueros y al logro del desarrollo sostenible del sector.
- El **Real Decreto Legislativo 1/2001** por el que se aprueba el Texto refundido de la Ley de Aguas (modificado por el Real Decreto-Ley 4/2007, de 13 de abril). Esta Ley debe ser complementada con la Ley 10/2001, del Plan Hidrológico Nacional y por un conjunto de normas reglamentarias sobre el dominio público hidráulico.
- La **Ley 43/2003** de Montes, que viene a promover la conservación, protección de los montes españoles (modificado por la Ley 21/2015, de 20 de julio).
- La **Ley 34/2007,** de Calidad del Aire y Protección de la Atmósfera, que viene a derogar el Reglamento RAMINP.

- La **Ley 42/2007,** del Patrimonio Natural y de la Biodiversidad.
- La **Ley 30/2014,** de Parques Nacionales.
- La **Ley 31/2003,** de conservación de la fauna silvestre en zoológicos.
- El **Real Decreto Legislativo 7/2015,** de 30 de octubre, por el que se aprueba el texto refundido de la Ley de Suelo y Rehabilitación Urbana.

Normativa sobre actividades contaminantes o de riesgo para el medio ambiente

- La vieja **Ley 25/1964,** sobre Energía Nuclear, que prevé una serie de medidas de seguridad y protección frente a radiaciones ionizantes.
- La **Ley 21/1992** de Industria, contempló tempranamente medidas sobre seguridad, con la finalidad de prevenir y limitar los riesgos industriales.
- La **Ley 7/2022** de residuos y suelos contaminados para una economía circular" y Real Decreto 1055/2022 de envases y residuos de envases.
- La **Ley 37/2003,** del Ruido, que contempla la evaluación y gestión del ruido ambiental.
- La **Ley 9/2003,** por la que se establece el régimen jurídico de la utilización, liberación voluntaria y comercialización de organismos genéticamente modificados.
- La **Ley 1/2005** por la que se regula el régimen del comercio de derechos de emisión de gases de efecto invernadero.
- El **Real Decreto-Ley 15/2022** por el que se adoptan medidas urgentes en materia de incendios forestales.
- El **Real Decreto-Ley 17/2012,** de Medidas Urgentes en materia de medio ambiente.
- **Ley 34/2007,** de 15 de noviembre, de calidad del aire y protección de la atmósfera.
- **Real Decreto 102/2011,** de 28 de enero, relativo a la mejora de la calidad del aire.
- **Orden PCI/1319/2018,** de 7 de diciembre, por la que se modifica el Anexo II del Real Decreto 1513/2005, de 16 de diciembre, por el que se desarrolla la Ley 37/2003, de 17 de noviembre, del ruido, en lo referente a la evaluación del ruido ambiental.
- **Ley 26/2007,** de 23 de octubre, de Responsabilidad Medioambiental.

- **Ley 27/2006,** de 18 de julio, por la que se regulan los derechos de acceso a la información, de participación pública y de acceso a la justicia en materia de medio ambiente (incorpora las Directivas 2003/4/CE y 2003/35/CE).
- **Ley 7/2022,** de 8 de abril, de residuos y suelos contaminados para una economía circular.

Fomento de utilización de métodos y tecnologías de gestión y de protección ambiental

- Desde la normativa fiscal se viene reconociendo una serie de Deducciones por Inversiones Ambientales destinadas a la protección del medio ambiente.
- Con respecto a la contratación pública, la Ley 30/2007 de Contratos del Sector Público introdujo importantes novedades de tipo social y ambiental (dicha ley fue derogada por el Real Decreto Legislativo 3/2011, de 14 de noviembre, por el que se aprueba el texto refundido de la Ley de Contratos del Sector Público).
- Aunque no están recogidas en normas legales, el Estado ha regulado mediante normas reglamentarias la utilización de instrumentos de gestión ambiental, tales como el sistema comunitario de gestión y auditoría ambiental (EMAS).

Incidencia de la protección ambiental en la regulación sectorial de actividades económicas y sociales

- La **Ley 14/1986** General de Sanidad, en las que de otras medidas, se previó la promoción y la mejora de los sistemas de saneamiento, abastecimiento de aguas, eliminación y tratamiento de residuos líquidos y sólidos, la promoción y mejora de los sistemas de saneamiento y control del aire, con especial atención a la contaminación atmosférica; la vigilancia sanitaria y adecuación a la salud del medio ambiente en todos los ámbitos de la vida, incluyendo la vivienda.
- La **Ley 3/1995** por la que se establece el régimen jurídico de las vías pecuarias, como bienes de dominio público de las comunidades autónomas.

- La **Ley 54/1997** del Sector Eléctrico que trata de establecer la regulación del sector eléctrico, con el triple y tradicional objetivo de garantizar el suministro eléctrico, garantizar la calidad de dicho suministro y que se realice al menor coste posible, todo ello con la menor incidencia sobre el medio ambiente.
- La **Ley 38/1999** de Ordenación de la Edificación, que establece las medidas para garantizar la sostenibilidad de la edificación y la protección del medio ambiente bajo el concepto de la habitabilidad.
- **Ley 2/2011,** de 4 de marzo, de Economía Sostenible.
- **Ley 21/2013,** de 9 de diciembre, de evaluación ambiental.
- **Ley 7/2021,** de 20 de mayo, de cambio climático y transición energética la cual centra el foco político la ley pone en la lucha contra el cambio climático y la transición energética, como vector clave de la economía y la sociedad para alcanzar el objetivo de la neutralidad climática.

Sabía que...

Desde su incorporación en la Unión Europea, España ha desarrollado un gran avance en política ambiental, especialmente en los últimos años.

2. La responsabilidad ambiental

Al hablar de responsabilidad ambiental nos referimos a la cuestión de buscar responsables que asuman los costes generados por la consecuencia de la reparación de los daños ocasionados al medio ambiente.

La responsabilidad ambiental tiene por objeto obligar al causante de daños al medio ambiente (el contaminador) a pagar la reparación de tales daños.

La reglamentación ambiental establece normas y procedimientos destinados a preservar el medio ambiente. En ausencia de un régimen de responsabilidad ambiental, el incumplimiento de las normas y procedimientos vigentes solo puede derivar en una mera sanción de carácter administrativo o penal. Sin embargo, si se incorpora a la normativa el concepto de responsabilidad, los causantes de la contaminación también correrán el riesgo de tener que asumir los gastos de restauración o compensación por los daños que hayan provocado.

El régimen de responsabilidad ambiental resulta efectivo para la protección y conservación del medio ambiente porque quiénes tienen que sufragar los costes relacionados con el daño ambiental causado reducirán sus niveles de contaminación hasta el punto en el que el coste marginal de la descontaminación le resulte inferior al coste de la indemnización que habría tenido que abonar de seguir produciendo el daño ambiental.

Por otro lado, este es el principal motivo que hace posible la prevención de los daños y que los costes relativos a la restauración de la contaminación ambiental sean sufragados directamente por las partes responsables de daño ambiental provocado, y no por el conjunto de la sociedad.

Ahora bien, la responsabilidad ambiental solo podrá ser aplicada cuando:

- Sea posible establecer la identidad del contaminante.
- Se pueda cuantificar el daño.
- Se pueda establecer una relación entre el daño ambiental causado y el contaminador.

El régimen de responsabilidad no puede aplicarse si se trata de una contaminación generalizada y difusa (por ejemplo, debida al cambio climático, la lluvia ácida, la contaminación atmosférica causada por los humos del tráfico...).

Son por ejemplo, daños ambientales por accidentes industriales o vertidos al medio por fuentes contaminantes, situaciones en las que es posible aplicar la responsabilidad ambiental. Se entiende por **daños ambientales:**

- Los daños, directos o indirectos, causados a las aguas contempladas por la *Legislación Comunitaria sobre Gestión del Agua.*

- Los daños, directos o indirectos, causados a las especies y hábitats naturales protegidos a escala comunitaria por la *Directiva Aves Silvestres* y la *Directiva Hábitats.*
- La contaminación directa o indirecta, de los suelos que suponga un riesgo importante para la salud humana.
- La responsabilidad ambiental es un claro ejemplo de los principios de la política ambiental de la Unión Europea y, en particular, del principio de quién contamina paga.

Entre las principales **características** de un régimen de responsabilidad ambiental se encuentra que este régimen debe tener un carácter no retroactivo, es decir, aplicarse exclusivamente a los daños futuros.

Su **ámbito de aplicación** debe establecerse teniendo en cuenta:

- Los tipos de daños que debe cubrir:

  - Daños al medio ambiente, es decir, daños a la biodiversidad y contaminación de lugares. Esta distinción es necesaria, ya que la mayoría de los Estados miembros no dispone de reglamentaciones administrativas para cubrir los daños causados a la biodiversidad, mientras que disponen de leyes o programas para tratar los casos de responsabilidad por la contaminación de lugares.
  - Daños tradicionales, es decir, los daños a la salud y los daños materiales causados por una actividad peligrosa.

- Las actividades que provocan estos daños.

Debe establecerse un ámbito de aplicación cerrado y vinculado al acervo comunitario de legislación ambiental existente *(Aves Silvestres y hábitats).* La contaminación de lugares y los daños causados a la biodiversidad solo quedarán incluidos cuando sean resultado de una actividad peligrosa o potencialmente peligrosa, regulada por la legislación comunitaria. Los daños a la biodiversidad solo quedarán incluidos en la medida en que ya esté protegida por la Red Natura 2000.

Los **responsables del daño ambiental** serán la persona o personas que ejerzan el control de la actividad, incluida en el ámbito de aplicación del régimen que haya ocasionado los daños (el operador).

Si la actividad es ejercida por una sociedad dotada de personalidad jurídica, la responsabilidad incumbirá a la persona jurídica y no a la dirección de la sociedad (los responsables) ni a otros empleados que puedan haber participado en la actividad.

2.1. Ley 26/2007, de Responsabilidad Medioambiental

En el año 2007 apareció en el régimen legislativo español una nueva normativa con el objetivo de que las empresas que provoquen un daño al medio ambiente, tengan la obligación de repararlo.

La legislación que regula las obligaciones en cuanto a responsabilidad medioambiental en España es la siguiente:

- La **Ley 26/2007** de 23 de octubre, de Responsabilidad Medioambiental.
- El **Real Decreto 2090/2008,** de 22 de diciembre, por el que se aprueba el Reglamento de desarrollo parcial de la Ley 26/2007.
- El **Real Decreto 183/2015,** de 13 de marzo, por el que se modifica el Reglamento de desarrollo parcial de la Ley 26/2007, de 23 de octubre, de Responsabilidad Medioambiental, aprobado por el Real Decreto 2090/2008, de 22 de diciembre.
- **Orden ARM/1783/2011,** de 22 de junio, por la que se establece el orden de prioridad y el calendario para la aprobación de las órdenes ministeriales a partir de las cuales será exigible la constitución de la garantía financiera obligatoria, previstas en la disposición final cuarta de la Ley 26/2007, de 23 de octubre, de Responsabilidad Medioambiental.

Los dos pilares en los que se sustenta esta ley son el régimen administrativo de responsabilidad ambiental y la garantía financiera obligatoria. Además como principios se basa en los principios de prevención y de “Quien contamina, paga”.

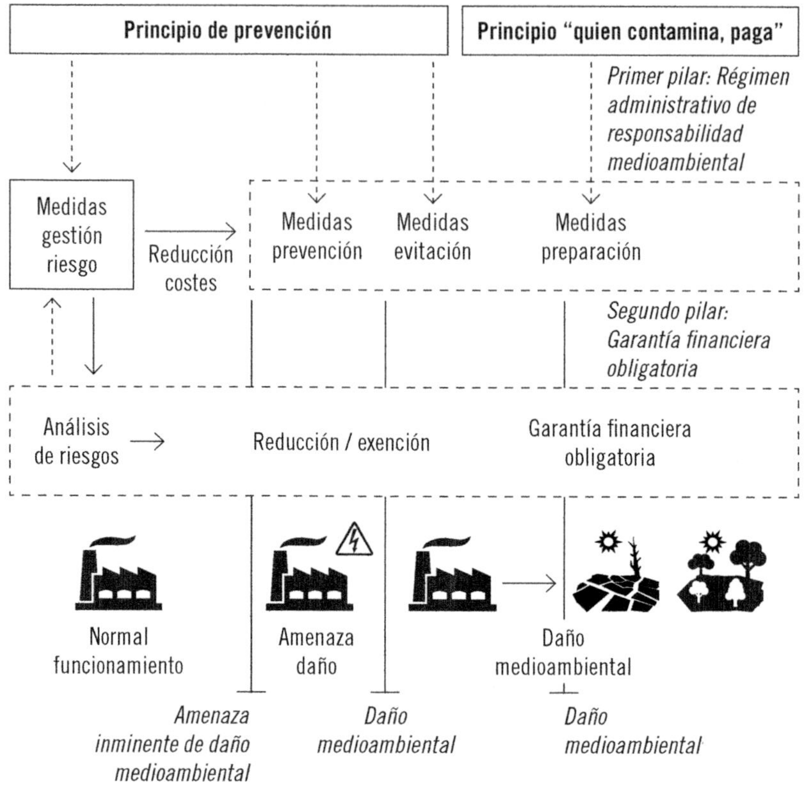

Fuente: MITECO

Como se indica en el título de la ley, se trata de una responsabilidad ambiental que obliga a los responsables de una contaminación a reparar los daños causados. Es diferente, por tanto, a la responsabilidad civil (puesto que no se trata de compensar a nadie), de la responsabilidad penal, y de la responsabilidad administrativa, puesto que se puede actuar antes a que se produzca la infracción.

Lo fundamental de esta ley es que determina la obligación a todas las empresas de prevenir que se produzcan daños por sus actividades empresariales, además de reparar los daños que sí son provocados sobre el medio ambiente. Se trata de: *más vale prevenir, que curar.* Es mejor anticiparse a la generación de daños, adoptando para ello, las medidas necesarias para evitar o reducir las posibilidades de que sucedan.

Para ello, en el **Anexo III** de la Ley se indican qué tipo de operadores (clasificados por la actividad que desarrollan) tienen la obligación de adoptar estas medidas de reparación, sin ni siquiera haber actuado con dolo, culpa o negligencia. Se engloban en este Anexo las actividades con mayor incidencia ambiental. Pero, además, cualquier empresa que no se encuentre en este Anexo III también tendrá la obligación de reparar los daños ambientales por sus obligaciones si se demuestra que actuaron mediando dolo, culpa o negligencia.

En caso de que las empresas generen daño al medio ambiente, el operador tendrá responsabilidad hasta **treinta años después de haber ocurrido la emisión, el suceso o el incidente.**

Para que las empresas incluidas en el Anexo III puedan cubrir los costes de una posible reparación, la Ley establece la obligatoriedad de que estas constituyan una **garantía financiera** que las avale (con excepción de las empresas incluidas en el artículo 28 de la Ley 26/2007). Para saber qué tipo y cantidad de garantía deben cubrir, las empresas tendrán que realizar un **Análisis de Riesgos Ambientales (ARA),** tal y como regula el **Real Decreto 2090/2008.**

Por otra parte, tanto a través del **artículo 32 del Real Decreto-Ley 8/2011,** de 1 de julio, de medidas de apoyo a los deudores hipotecarios, de control del gasto público y cancelación de deudas con empresas y autónomos contraídas por las entidades locales, de fomento de la actividad empresarial e impulso de la rehabilitación y de simplificación administrativa, como por la Ley 11/2014, el artículo 28 de la Ley 26/2007 ha sido modificado, por lo que los operadores cuyas actividades presenten bajo riesgo de producir daños medioambientales pueden quedar exentos de la obligación de constitución de garantía financiera, sin que por ello queden comprometidos los principios de responsabilidad objetiva e ilimitada que presiden la Ley de responsabilidad medioambiental.

Daños medioambientales

La Ley 26/2007 define daños medioambientales como: "aquellos daños a las especies silvestres y a los hábitat, es decir, cualquier daño que produzca efectos adversos significativos en la posibilidad de alcanzar o de mantener el estado favorable de conservación de esos hábitat o especies".

Pero la Ley solo obliga a reparar aquellos daños que produzcan efectos adversos significativos. Por este motivo, el Anexo I de la Ley establece determinados criterios para saber si un determinado daño será como significativo o no.

Actuaciones de los operadores

- En caso de amenaza inminente de daño medioambiental, cualquier operador debe actuar de la siguiente manera:

Actuación en caso de amenaza inminente de daño ambiental

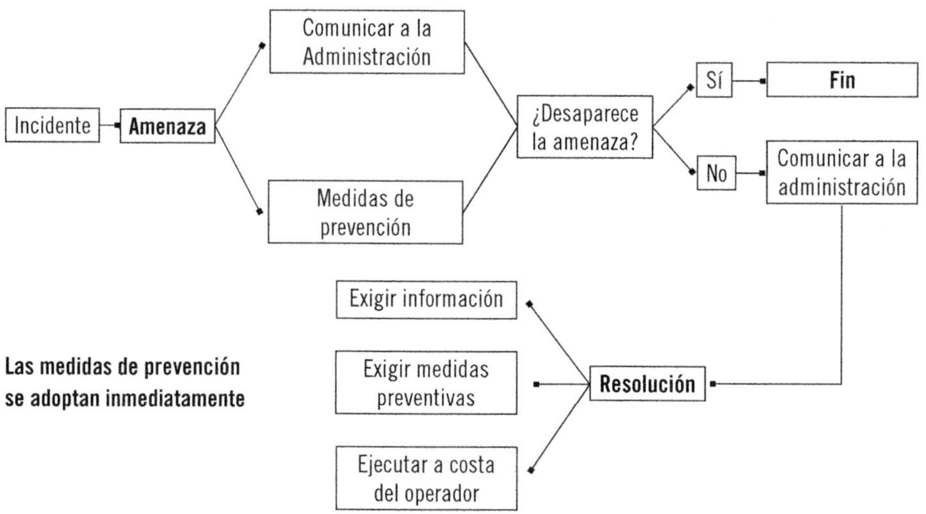

Como se observa en la figura, la empresa que provoca el incidente tiene que tomar las medidas necesarias para prevenir el daño y, además, tiene que comunicar dicho incidente a la Administración, la cual le requerirá la adopción de las medidas pertinentes.

- En caso de daño medioambiental, cualquier operador debe actuar de la siguiente manera, según establece el Anexo III:

Actuación en caso de daño ambiental

- Las medidas de evitación se adoptan inmediatamente.
- Las medidas de reparación deben ser aprobadas por la Administración.

La Ley 26/2007 establece tres tipos de actuaciones que, aunque pueden tener significados parecidos, se adoptan en momentos diferentes:

1. Medida de prevención.
2. Medida de evitación.
3. Medida de reparación.

1. **Medida de prevención.** Se adopta antes de que se produzca el daño ambiental, ante la amenaza inminente de que se genere. Tiene como objetivo evitar que llegue a producirse dicho daño. Las tienen que adoptar todos los operadores.
2. **Medida de evitación.** Se adopta cuando ya se ha producido el daño ambiental. Tiene como objetivo limitar o impedir daños ambientales mayores mediante el control de los factores que originaron dicho daño. Las tienen que adoptar todos los operadores.
3. **Medida de reparación.** Se adopta cuando ya se ha producido el daño ambiental. Tiene como objetivo reparar, restaurar o reemplazar los recursos naturales dañados, o proporcionar alguna alternativa viable. Las tienen que adoptar los siguientes operadores:

- Todos los incluidos en el Anexo III de la Ley 27/2006.
- Los operadores que, aunque no estén incluidos en el Anexo III, provoquen el daño ambiental por culpa o negligencia.

Esto establece dos tipos de responsabilidad:

a. **Responsabilidad objetiva:** para el primer caso, el operador será responsable y reparará el daño aunque no tenga culpa del suceso acaecido.
b. **Responsabilidad subjetiva:** para el segundo caso, el operador solo reparará el daño cuando se demuestre su culpa, por su mala actuación medioambiental.

Recuerde

La responsabilidad medioambiental se regula en España mediante la Ley 26/2007 de 23 de octubre y el Real Decreto 2090/2008 de 22 de diciembre, que la desarrolla parcialmente.

Tipos de medidas de reparación

Existen tres tipos de medidas de reparación:

1. Medidas de reparación primaria.
2. Medidas de reparación complementaria.
3. Medidas de reparación compensatoria.

A continuación se explicarán cada una de estas medidas.

1. **Medidas de reparación primaria.** Tienen como objetivo devolver los recursos naturales dañados a su estado natural o básico.
2. **Medidas de reparación complementaria.** Tienen como objetivo compensar el hecho de que las medidas de reparación primaria no hayan sido suficientes o adecuadas.
   Tras la aplicación de medidas de reparación complementaria se llega a un estado similar al que se obtendría tras la aplicación de medidas de reparación primaria, aunque sea en un lugar alternativo.

3. **Medidas de reparación compensatoria.** Tienen como objetivo subsanar pérdida provisional de recursos naturales durante la recuperación de la zona dañada.
   No se trata de una compensación económica, sino de proporcionar mejoras al medio ambiente dañado o en un lugar alternativo.

Garantías financieras

Como ya se ha comentado, la Ley 26/2007 de Responsabilidad Medioambiental establece que los operadores de las actividades indicadas en su Anexo III están obligados a suscribir una garantía financiera para hacer frente a los posibles daños medioambientales que puedan ocasionar (con las excepciones ya mencionadas).

Además, la Orden Ministerial 1783/2011 de 22 de junio, por la que se establece el orden de prioridad y el calendario para la aprobación de las órdenes ministeriales a partir de las cuales será exigible la constitución de la garantía financiera obligatoria, previstas en la disposición final cuarta de la Ley 26/2007, publica una relación de actividades obligadas a contar con dicha garantía financiera. Hasta que esta nueva norma no sea pública, no se conocerán las actividades afectadas.

Aunque existen algunas excepciones a lo anteriormente descrito, por lo que no todos los operadores definidos tendrán que suscribir la garantía financiera, por ejemplo:

a. No tendrán la obligación de constituir la garantía los operadores que tras llevar a cabo un ARA (Análisis de Riesgos Ambientales) obtengan una cuantía de previsión de sus daños < 300.000 €.
b. Tampoco tendrán obligación de constituir la garantía los operadores que tengan implantado en sus empresas un sistema de gestión ambiental certificado, según la norma ISO 14001 o el Reglamento EMAS, y que tras llevar a cabo un ARA obtengan una cuantía de previsión de sus daños < 2.000.000 €.
c. Tampoco tendrán dicha obligación los operadores de las actividades que se establezcan de manera reglamentaria, atendiendo a su escaso potencial de generar daños medioambientales y bajo nivel de accidentalidad.

Por otra parte, es necesario aclarar que estas excepciones no eximen la obligación de reparar los daños que generen los operadores, sea cual fuere su coste. Por tanto, cada operador tendrá que valorar si es conveniente o no para él, contar con la garantía, en los casos en que no esté obligado a ello.

2.2. Orden Ministerial 1783/2011

Mediante esta Orden Ministerial, que entró en vigor el 30 de junio de 2011, se disponen tres niveles de temporalidad para contratar la garantía financiera por los operadores del Anexo III de la Ley de Responsabilidad Medioambiental, determinados acorde a unos preceptos de clasificación de actividades según su grado de peligrosidad, variando desde 3 a 8 años.

Dicha Orden Ministerial establece varias categorías de los distintos sectores y actividades del Anexo III, codificándolos en función de sus potenciales riesgos. Si una actividad está catalogada con 1 será más peligrosa, variando hasta la categoría 3, que será la menos peligrosa.

Así, por ejemplo:

Categoría	Sector de actividad
1	Instalaciones de combustión con una potencia térmica de combustión superior a 50 MW
2	Instalaciones químicas que utilicen un procedimiento químico o biológico para la fabricación de medicamentos de base
3	Fabricación de artículos de papel y de cartón

Para cada categoría de peligrosidad, la Orden Ministerial 1783/2011, estableció, los plazos en los cuales el Ministerio de Agricultura, Alimentación y Medio ambiente de su momento debía publicar las nuevas órdenes ministeriales, que establecieran el plazo definitivo para que cada sector y actividad contrate la garantía financiera, para cubrir los costes derivados de las obligaciones en materia de prevención, evitación y reparación de daños al medio ambiente. Los plazos establecidos fueron los siguientes, determinados a partir de la publicación de la Orden 178372011:

- Categoría 1 de peligrosidad: 2 a 3 años.
- Categoría 2 de peligrosidad: 3 a 5 años.
- Categoría 3 de peligrosidad: 5 a 8 años.

Cumpliendo con dichos plazos, la Orden ARM/1783/2011, de 22 de junio, se han publicado las correspondientes ordenes para dictaminar fecha a partir de la cual será exigible la constitución de la garantía financiera obligatoria prevista en el Artículo 24 de la Ley 26/2007, de 23 de octubre, de Responsabilidad Medioambiental para las actividades del Anexo III, según las distintas categoría establecidas:

- La Orden APM/1040/2017, de 23 de octubre, fija de la Ley 26/2007, de 23 de octubre, clasificadas con Categoría 1 y 2 conforme al anexo de la Orden ARM/1783/2011, de 22 de junio. Las actividades de Categoría 1, deberán disponer de una garantía financiera, 1 año después de la fecha de entrada en vigor de la orden APM/1040/2017, de 23 de octubre, mientras que las actividades de Categoría 2 deberán disponer de una garantía financiera, 2 años después de la fecha de entrada en vigor de la misma.
- Por su parte, la Orden TEC/1023/2019, de 10 de octubre, fija la fecha para las actividades del anexo III de la Ley 26/2007, de 23 de octubre, clasificadas con Categoría 3 conforme al anexo de la Orden ARM/1783/2011, de 22 de junio. Estableciendo la misma en el plazo de dos años a contar desde la fecha de su entrada en vigor. Teniendo como excepción de las actividades de cría intensiva de aves de corral o de cerdos, con un plazo de 3 años.

A modo de esquema, se puede representar así:

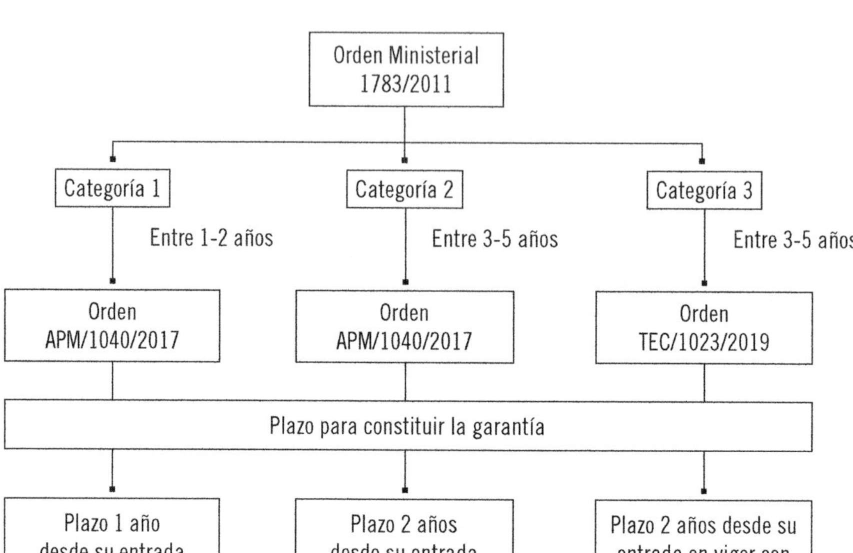

Por otra parte, hay que tener en cuenta que no se debe confundir responsabilidad medioambiental con garantía financiera, puesto que la responsabilidad ambiental existe desde el momento de la entrada en vigor de la Ley 26/2007 para cualquier tipo de empresa y con ello la obligación de pagar y reparar, y la garantía financiera solo tendrán que contratarla los operadores ya comentados, cuyas actividades se encuentren en el Anexo III (y que cumplan las peculiaridades explicadas).

Tipos de garantías financieras

Los operadores podrán constituir cualquiera de las 3 modalidades de garantías financieras establecidas por la Ley 26/2007, pudiendo ser alternativas o complementarias entre sí, tanto en su cuantía, como en los hechos garantizados. Las modalidades son las siguientes:

- Una póliza de seguro ajustada a la Ley 50/1980 de Contrato de Seguro, suscrita con una entidad aseguradora autorizada para operar en España.

- La obtención de un aval, concedido por alguna entidad financiera autorizada a operar en España.
- La constitución de una reserva técnica mediante la dotación de un fondo *ad hoc* con materialización en inversiones financieras respaldadas por el sector público.

Es importante resaltar que la única modalidad que permite externalizar el riesgo es la primera opción, es decir, la contratación de una póliza de seguro, puesto que contratación de cualquiera de los otros dos casos, generarán una pérdida de patrimonio, ya sea por la creación de una deuda con la entidad que avala, o por la pérdida de los recursos de la reserva.

Cualquiera de estas modalidades de garantías financieras deberá dar cobertura a los siguientes costes:

- Costes de prevención y evitación de daños a los que esté obligado el operador, siempre y cuando el daño que se pretenda prevenir o evitar, haya sido **originado por contaminación** (emisión, vertido, suceso).
- Costes de reparación de daños, siempre que el daño que se pretenda evitar o limitar, haya sido **originado por contaminación** (emisión, vertido, suceso).

Esto quiere decir que si los daños han sido producidos por agentes físicos, tales como un incendio o una explosión, podrían quedar fuera de las garantías (aunque no por ello tiene que quedar exento de que la Administración exija la reparación de los daños ambientales provocados). Por tanto, es recomendable asegurarse si la cobertura de la garantía contratada incluye o no este tipo de daños.

Recuerde

Los operadores de las actividades incluidas en el Anexo III de la Ley 26/2007 están obligados a suscribir garantías financieras para hacer frente a los posibles daños medioambientales que puedan ocasionar, aunque con algunas excepciones.

2.3. La Responsabilidad ambiental y el delito ecológico

En cuanto a la responsabilidad ambiental existen tres tipos de responsabilidades que se derivan debido a las agresiones al medio ambiente, y que se deben a los tres principales grupos normativos que inciden en la protección del mismo, que son la Responsabilidad Civil, La Responsabilidad Administrativa y la Responsabilidad Penal.

Las responsabilidades penales y administrativas se caracterizan por su finalidad sancionadora, mientras que la responsabilidad civil tiene una finalidad reparadora o restauradora.

Por lo que, en función de la norma infringida, la responsabilidad derivada por el incumplimiento de las obligaciones prevista en la norma y/o la responsabilidad derivada por daños al medio ambiente o a particulares como consecuencia de actividades con incidencia ambiental, tienen un régimen regulador distinto, tanto en la forma de depurar las responsabilidades como en las consecuencias que se deriven de la infracción.

Las características de los diferentes tipos de responsabilidades son:

- **Responsabilidad Administrativa.** La responsabilidad administrativa por daños causados al medio ambiente es la que se aplica por el incumplimiento de lo regulado en las leyes o reglamentos sectoriales ambientales, siempre y cuando los hechos no sean constitutivos de delito. Este tipo de responsabilidad se caracteriza por su finalidad sancionadora y por responder al principio de tipicidad. Este principio determina que únicamente se ejercerá dicha responsabilidad cuando la infracción esté expresamente recogida en las leyes con consideración de infracción administrativa en la correspondiente norma sectorial. Si la infracción es cometida en el ejercicio de la actividad empresarial, la responsabilidad jurídica recaería en la persona jurídica (empresa), a diferencia de la responsabilidad penal que es personal (la responsabilidad recae en la persona que ha cometido el delito). Ello quiere decir que las sociedades mercantiles pueden ser sancionadas por el Órgano Administrativo Ambiental que corresponda en cada caso (ayuntamiento, Consejería de medio ambiente, Confederaciones Hidrográficas...). Por otra parte, la infracción puede dar lugar a una indemnización por daños y perjuicios y al establecimiento de medidas correctoras de la actividad generadora del impacto ambiental.

- **Responsabilidad Civil.** La responsabilidad civil tiene su origen en una acción y omisión que interviniendo culpa o negligencia causa daño ambiental, con repercusiones en personas particulares. Por tanto, el sistema de responsabilidad civil está basado en la responsabilidad subjetiva, ya que el sujeto que ha causado el daño solo es responsable del mismo en la medida en que su actuación haya sido intencional o negligente. Así por ejemplo, el artículo de 1902.8 del Código Civil establece la obligación de indemnizar el daño causado por razón de humos excesivos, que sean nocivos para personas o propiedades, por emanaciones de cloacas o depósitos de materias infectantes. No obstante, por la analogía establecida en el artículo 4.1 del Código Civil, esta obligación debe ser tenida en cuenta para otro tipos de emisiones tales como ruidos y vibraciones, gases, vertidos, etc. Las implicaciones de la existencia de responsabilidad civil serían las siguientes:

  - Indemnización del daño causado, que incluye las pérdidas efectivas, los beneficios que se han dejado de obtener y los posibles daños morales.
  - Reparación o restitución de la cosa a su estado original.

- **Responsabilidad Penal.** La responsabilidad penal es la derivada de actuar conforme a las conductas tipificadas como delito en el Código Penal. La responsabilidad penal es una responsabilidad personal que recae sobre la persona física y no sobre la empresa (persona jurídica). El problema se plantea a la hora de determinar en cada caso quién es el responsable dentro de una organización o persona jurídica. Existe una Sentencia del Tribunal Supremo que establece que ante un presunto delito ecológico cometido por una empresa o entidad, los responsables serán los representantes de la misma. No obstante, es una cuestión compleja ya que pueden ser responsables no solo los administradores y representantes legales de la sociedad, sino también cualquier empleado encargado del ámbito concreto dónde se han producido los hechos delictivos de que se trate (derrames de sustancias peligrosas, escapes de gas, vertidos, etc.)

Tras el vertido en las costas de Alaska del buque petrolero EXXON Valdez, a la compañía norteamericana se le impuso una multa ejemplar de 5.000 mill. de dólares, de los que finalmente solo pagó la décima parte.

La evaluación de los daños ambientales es un ejercicio difícil que debe realizarse teniendo en cuenta los costes de restauración o los costes de las soluciones alternativas si la restauración no es posible.

El contaminador debería verse obligado a abonar indemnizaciones o compensaciones para la restauración o la descontaminación. Si, por razones técnicas o económicas, el contaminador no puede sufragar toda la reparación de los daños, el importe de la compensación por el valor del daño que queda sin reparar deberá emplearse en proyectos similares.

La asegurabilidad también es importante para garantizar la consecución de los objetivos del régimen de responsabilidad ambiental. La cobertura del riesgo de daños al medio ambiente todavía está poco desarrollada, aunque se está progresando en áreas del mercado de seguros que se especializan en este campo.

2.4. El delito ecológico

Según la definición de delito ecológico este es el nombre que se aplica a cualquier tipo de conducta de personas naturales o jurídicas que por acción u omisión atente contra el medio ambiente.

Ejemplos de delitos ecológicos son:

- El llamado delito contra la ordenación del territorio.
- La instalación de vertederos ilegales.
- Los atentados a espacios naturales protegidos.
- El tráfico ilegal de especies o la responsabilidad de funcionarios o facultativos que han concedido licencias ilegales o bien silenciado infracciones, etc.

La protección penal del medio ambiente se ha venido caracterizando hasta ahora por su deficiente regulación. De los muchos comportamientos que tienen incidencia grave sobre el medio ambiente muy pocos eran considerados como delito (contaminación, incendios forestales, riesgo nuclear y contravención de reglas de seguridad con sustancias peligrosas). Los pocos que había estaban dispersos en diversos capítulos del Código Penal e incluso de otras leyes sectoriales, y las penas previstas eran llamativamente bajas, lo que prácticamente eliminaba su posible efecto disuasorio.

La legislación española en materia de medio ambiente estaba dispersa en diferentes normas parciales, disposiciones autonómicas y locales. En 1983, fue introducido en el Código Penal un artículo referente al delito de contaminación, pero no fue hasta 1995 cuando el nuevo Código Penal recogió con más amplitud varias figuras sancionadoras de determinadas agresiones a la naturaleza, y en concreto queda recogido en su título XVI: "De los delitos relativos a la ordenación del territorio y la protección del patrimonio histórico y del medio ambiente" y el XVII De los delitos contra la seguridad colectiva.

El Código Penal sanciona los siguientes delitos ecológicos

1. **Delitos sobre la ordenación del territorio o urbanísticos:**

   - Artículo 219: Delito urbanístico.
   - Artículo 320: Actuación ilegal de funciones.

2. **Delitos contra los recursos naturales y el medio ambiente:**

- Artículo 325: Contaminación y alteración del medio físico.
- Artículo 326: Supuestos agravados.
- Artículo 327: Medidas especiales
- Artículo 328: Vertederos tóxicos.
- Artículo 329: Actuación ilegal de funciones.
- Artículo 330: Daños a espacios naturales protegidos.

3. **Delitos relativos a la protección de la flora y la fauna:**

- Artículo 332: Daños a especies de flora amenazada.
- Artículo 333: Introducción de especies no autóctonas.
- Artículo 334: Caza o pesca de especies amenazadas.
- Artículo 335: Caza o pesca no autorizada.
- Artículo 336: Caza o pesca destructiva.

4. **Delitos relativos a la energía nuclear y las radiaciones ionizantes:**

- Artículo 341: Liberación de energía nuclear.
- Artículo 342: Perturbar con riesgo instalaciones o vertidos.
- Artículo 343: Exposición de personas a radiaciones.
- Artículo 345: Posesión o tráfico de materiales radiactivos.

5. **Otros delitos de riesgo:**

- Artículo 348: Contravenir normas de seguridad con sustancias peligrosas.

6. **Delitos de incendios forestales:**

- Artículo 352: Incendio de masas forestales.
- Artículo 353: Incendio de especial gravedad.
- Artículo 354: Conato de incendio.
- Artículo 355: Medidas accesorias.
- Artículo 356: Incendios de zonas forestales.

Las sanciones de los delitos ecológicos

En 2015 entró en vigor la reforma del Código Penal aprobada por **la Ley Orgánica 1/2015,** de 30 de marzo. La nueva normativa penal supone un avance en la protección de la flora, la fauna y animales domésticos debido a la tipificación de los delitos contemplados en su capítulo IV.

El anterior Código Penal en su artículo 334 prohibía que se realizasen, con respecto a las especies amenazadas (las catalogadas como en peligro de extinción o vulnerables), actividades como cazar, pescar y aquellas que impidieran o dificultasen su reproducción o migración, o destruyeran o alterasen gravemente su hábitat. Las penas de prisión por realizar alguna de estas actividades se establecen entre 4 meses a 2 años.

Pero en el nuevo Código Penal, no solo se incluye a las especies amenazadas, sino también al resto de especies protegidas. Por tanto, quedan incluidas todas las especies del Listado de Especies Silvestres en Régimen de Protección Especial.

Sabía que...

Con el nuevo Código Penal, matar a un petirrojo o destruir un nido de golondrina es constitutivo de un delito.

Con la modificación del Código Penal, España cumple con lo establecido por la **Directiva 2008/99/CE del Parlamento Europeo y del Consejo** de 19 de noviembre relativa a la protección del medio ambiente mediante el Derecho penal, por la que compromete a los Estados miembros de la Unión Europea a adoptar normativas penales para prohibir la muerte, destrucción, posesión o apropiación de especies protegidas de fauna o flora silvestres.

Se trata de un gran paso, porque además de incluir a todas las especies contenidas en los Catálogos de Especies Amenazadas, quedan incluidas también las especies de los anexos IV de la Directiva Hábitat y anexo I de la Directiva de Aves.

Además, la reforma del Código Penal tipifica nuevas conductas como delito, que en el anterior no estaban recogidas. Es el caso, por ejemplo:

- Del marisqueo ilegal (artículo 335),
- el abandono de animales (337 bis) o;
- la ampliación del delito de maltrato animal, incluyendo algunas conductas como el sometimiento de los animales a explotación sexual (artículo 337).

Por otra parte, además hay algunas penas de algunos delitos que se endurecen.

Por ejemplo:

- El delito de incendio puede llegar a constituir una condena mínima de tres años en aquellos casos en los que fuera de especial gravedad.
- En los casos de maltrato animal, se puede llegar a inhabilitar al autor del delito para la tenencia de animales.

Además de lo ya descrito, el nuevo Código Penal determina que también será considerado delito ambiental una imprudencia grave, aun cuando no haya una voluntad expresa de provocar el daño (dolo), cumpliendo con ello otra de las exigencias de la Directiva 2008/99/CE.

3. El derecho a la información ambiental

El acceso a la información ambiental es un derecho evidente que tienen todas las personas de conocer la situación del medio ambiente que les rodea y que les afecta. La calidad del aire y del agua, el estado del paisaje, etc., son ejemplos de información ambiental al que nos referimos.

La información ambiental permite que exista una mayor concienciación ambiental, ya que al conocer los problemas que afectan a su estado, es más fácil la adopción de medidas adecuadas para su conservación. Por lo que podemos entender que el acceso a la información ambiental es una herramienta vital para la protección ambiental.

Además, el acceso a la información ambiental permite que se puedan establecer sistemas adecuados de participación pública y que estos sean efectivos: sin información no es posible la participación. La participación debe ser la base para la resolución de los conflictos ambientales.

3.1. Convenio Aarhus

En la cuarta conferencia medio ambiente para Europa celebrada en Aarhus en junio de 1998 se adoptó entre otros, el Convenio sobre acceso a la información, participación pública en la toma de decisiones y acceso a la justicia en materia de medio ambiente, conocido como Convenio de Aarhus.

En este Convenio se estableció que para que los ciudadanos puedan disfrutar del derecho a un medio ambiente saludable y cumplir el deber de respetarlo y protegerlo, deben tener acceso a la información ambiental, estar legitimados para participar en los procesos de toma de decisiones y tener derecho de acceso a la justicia cuando tales derechos sean denegados.

Sabía que...

En abril de 2008, el Convenio de Aarhus había sido firmado por 40 países (fundamentalmente de Europa y Asia Central) y por la Comunidad Europea.

Los pilares básicos del Convenio de Aarhus son:

1. Acceso a la información sobre el medio ambiente.
2. Participación pública en la política ambiental.
3. Acceso a la justicia en materia de medio ambiente.

El primero de los pilares hace referencia al acceso del público a la información y se aplicó a escala comunitaria por medio de la Directiva sobre el acceso del público a la información en materia de medio ambiente. El segundo pilar, incorporado por medio de la Directiva 2003/35/CE, trata de la participación del público en los procedimientos ambientales. Por último, el tercero se refiere al acceso del público a la justicia en materia de medio ambiente.

España ratificó este Convenio en diciembre de 2004 y entró en vigor el 31 de marzo de 2005. La **Ley 27/2006, de 18 de julio, es la que regula los Derechos de Acceso a la Información, de Participación Pública y de Acceso a la Justicia en Materia de medio ambiente** y define el marco jurídico que responde a los compromisos asumidos por esta ratificación, además traspone dos Directivas Comunitarias dictadas para adaptar el Convenio.

¿Que entendemos por información ambiental?

Por información ambiental entendemos toda información en forma escrita, visual, sonora, electrónica o en cualquier otra forma que verse sobre las siguientes cuestiones:

a. El estado de los elementos del medio ambiente, como el aire y la atmósfera, el agua, el suelo, la tierra, los paisajes y espacios naturales, incluidos los humedales y las zonas marinas y costeras, la diversidad biológica y sus componentes, incluidos los organismos modificados genéticamente; y la interacción entre estos elementos.
b. Los factores, tales como sustancias, energía, ruido, radiaciones o residuos, incluidos los residuos radiactivos, emisiones, vertidos y otras liberaciones en el medio ambiente, que afecten o puedan afectar a los elementos del medio ambiente citados en la letra a.
c. Las medidas, incluidas las medidas administrativas, como políticas, normas, planes, programas, acuerdos en materia de medio ambiente y actividades que afecten o puedan afectar a los elementos y factores citados en las letras a y b, así como las actividades o las medidas destinadas a proteger estos elementos.
d. Los informes sobre la ejecución de la legislación ambiental.

e. Los análisis de la relación coste-beneficio y otros análisis y supuestos de carácter económico utilizados en la toma de decisiones relativas a las medidas y actividades citadas en la letra c.
f. El estado de la salud y seguridad de las personas, incluida, en su caso, la contaminación de la cadena alimentaria, condiciones de vida humana, bienes del patrimonio histórico, cultural y artístico y construcciones, cuando se vean o puedan verse afectados por el estado de los elementos del medio ambiente citados en la letra a, o a través de esos elementos, por cualquiera de los extremos citados en las letras b y c.

¿Quién puede solicitar acceso a la información ambiental?

Puede solicitar acceso a la información ambiental que esté en manos de la Administraciones Públicas cualquier persona física o jurídica, sin estar obligado a probar un interés determinado.

¿Quién puede proporcionarnos la información ambiental?

Cualquier Administración Pública, nacional, regional o local, que tenga responsabilidades y posea información relativa al medio ambiente tiene la obligación de proporcionarnos dicha información. Quedan excluidos de esta obligación los organismos que actúen en el ejercicio de poderes judiciales o legislativos.

También hay que considerar que determinadas autoridades no siendo competentes estrictamente en cuestiones ambientales, pueden ser requeridas a proveer información ambiental, si está en su poder.

En cuanto a la información sobre medio ambiente que esté en poder de una entidad privada, la Ley establece que solo es posible si dicha entidad está ejerciendo responsabilidades de carácter público en materia ambiental, bajo el control de una entidad pública competente.

Además, las empresas que gestionan un servicio público relacionado con el medio ambiente (por ejemplo, la gestión de los residuos domésticos) están obligadas a proporcionar información sobre el mismo a la Administración Pública de dicho servicio. De esta forma, esta podrá también dar respuestas a las solicitudes que reciba. Para garantizar que este flujo de información, en la práctica, quede totalmente asegurado, es muy conveniente establecer esa obligación en las cláusulas del contrato adoptado.

¿Tiene coste esa información ambiental?

Sí, la Ley establece que puede cobrarse una cantidad por el suministro de la información, siempre y cuando dicha cantidad sea razonable.

Para evitar que el coste de ejercer el derecho de acceso a la información se pueda convertir en una barrera al mismo, se consideran buenas prácticas, y así se han encontrado en algunas Administraciones, las siguientes:

- No cobrar la simple inspección de un documento.
- Disponer que las copias hasta un número de páginas sean gratuitas, y el precio aplicado a partir de dicho número sea similar al de mercado.
- No cobrar (o hacerlo muy por debajo del coste real) el tiempo o trabajo empleado por la persona que se ha ocupado de dar respuesta a la solicitud.

¿Qué plazo tiene la Administración para dar respuesta a la solicitud de información ambiental?

El plazo de respuesta no debe de superar un mes, con la posibilidad de ampliarlo en caso necesario, previo aviso del solicitante.

Si no se contesta en plazo, la Ley indica que el silencio administrativo es negativo, por lo que se entiende desestimada la solicitud.

Excepciones de acceso a la información ambiental

Es posible denegar el acceso en determinados supuestos que contempla la Ley, y para ello deberá dictarse resolución motivada y notificarla a quién solicitó la información.

La directiva contempla, en primer lugar, una serie de supuestos en los que una petición de causas como que no se disponga de esa información, que la solicitud sea claramente irrazonable o excesivamente general, que el material se esté elaborando o que se refiera a comunicaciones internas.

La norma incluye un segundo grupo de excepciones para los casos en que la información afecte a una serie de derechos, pero de forma negativa. La consecuencia es que en que en cada caso concreto la autoridad pública competente tendrá que realizar un ejercicio de interpretación para ver si debe o no debe denegarse. Es decir, no se trata de que afecte a las relaciones internacionales, sino de que lo haga negativamente.

En esta lista de derechos están la confidencialidad de los procedimientos, las relaciones internacionales, la defensa nacional o la seguridad pública, la buena marcha de la justicia, la confidencialidad de datos de carácter comercial o industrial, los derechos de propiedad intelectual, el carácter confidencial de datos y expedientes personales, los intereses o al protección de un tercero que haya facilitado voluntariamente información, y por último, la protección del medio ambiente al que se refiere la información, como puede ser el caso de la localización de especies raras.

La Ley deja bien claro que todos estos motivos de denegación deben interpretarse de manera restrictiva y que, en caso de que finalmente haya una negativa a facilitar toda o parte de la información, deberá notificársele al solicitante explicándole las razones e informándole sobre el procedimiento de recurso previsto.

Difusión de la información ambiental

El libre acceso a la información ambiental no solamente debe materializarse mediante solicitud a las Administraciones Públicas, sino que también estas deben realizar provisión activa de información, es decir, poner a disposición del público la información ambiental y darle la máxima difusión.

Tal es así, que el Ministerio de medio ambiente tiene la obligación legal de publicar los informes anuales del estado de medio ambiente. En general, es práctica habitual tanto a nivel nacional como autonómico y local, la publicación de boletines oficiales periódicos informando sobre avances y noticias en el área ambiental, sobre el desarrollo de los planes y programas en aplicación, estudios concretos, etc.

La difusión de información ambiental debe enmarcarse dentro del uso de las nuevas Tecnologías de Información y Comunicación (TIC). Las Administraciones Públicas han realizado un importante esfuerzo para la difusión electrónica de información ambiental a través de páginas web.

El acceso electrónico a la información ambiental a través de estas plataformas está teniendo un gran éxito, ya que garantiza el acceso a la información ambiental de forma rápida, económica y eficaz y resuelve muchas necesidades de información ya que evita la gestión de dicha información ambiental a través de solicitudes escritas ni telefónicas.

La información que se podrá difundir a través de estas plataformas serán relativas a:

- Acuerdos ambientales.
- Textos legislativos.
- Políticas, planes y programas.
- Informes sobre el estado de medio ambiente.
- Datos de seguimiento de las actividades que puedan afectar al medio ambiente.
- Autorizaciones con un efecto significativo sobre el medio ambiente.
- Evaluaciones de impacto ambiental.

Recuerde

La Ley 27/2006 de 18 de julio, es la que regula los derechos de acceso a la información, de participación pública y de acceso a la justicia en materia de medio ambiente.

4. La participación pública en la política ambiental

La participación ambiental puede definirse como:

Una serie de acciones que se rigen por determinadas pautas de actuación grupal, cuyo contenido es la búsqueda de soluciones y de algún tipo de cambio que afecte a la problemática ambiental, y así contribuya al beneficio colectivo. De hecho, vendría a ser algo así como una especie de responsabilidad moral y social hacía la naturaleza y el ambiente.

Medio ambiente para todos...

J. Cadrecha.

En la mayoría de los casos, la participación pública se lleva a cabo desde una conducta reactiva ante las condiciones ambientales, generadas del estrés resultante de su percepción del riesgo y control personal que existe sobre la situación ambiental. Hablamos entonces, de una participación que es ejercida por medio de organizaciones.

Otras veces, sin embargo, para la participación pública se utilizan otros recursos que motiven a dicha participación en aquellas personas que no sientan esa “llamada interior” que les impulse a ello. Estos recursos suelen ser la información y la educación ambiental.

La educación ambiental es un medio para conseguir la mayor implicación del ciudadano en la participación para la resolución de los conflictos ambientales, como a la vez las estrategias de participación son también un instrumento y un medio para lograr la educación ambiental.

En el fenómeno de la participación entran en juego tres elementos fundamentales:

- Las personas, con sus motivaciones personales.
- Los escenarios, los contextos o situaciones en los que se desarrolla el proceso.
- Los medios, que son recursos, herramientas, puentes, que facilitan la participación.

En la participación pública en la política ambiental se distinguen tres niveles de participar en función de que se traten de:

- Decisiones ambientales sobre actividades específicas.
- Decisiones ambientales sobre planes, programas y políticas.
- Decisiones ambientales sobre la elaboración de normativa.

En cada uno de estos niveles existen un pautas generales, tales como que las ONG ambientales siempre podrán participar (teniendo la consideración de público interesado), se deberá poder acceder a todas las informaciones pertinentes, se producirá siempre desde el inicio del procedimiento de decisión, los plazos de participación deberán ser siempre suficientes y la decisión final debe tomar en cuenta los resultados de la participación del público.

Participación pública en las decisiones ambientales sobre actividades específicas

Este es el nivel de mayor participación pública. Se refiere a la participación del público en las decisiones ambientales de actividades específicas. Estas actividades son: industrias del sector energético, industrias minerales y químicas, instalaciones de gestión de residuos, construcción de infraestructuras de transporte, obras hidráulicas, instalaciones ganaderas, entre otras. Además establece que toda actividad incluida en el marco de la normativa sobre Evaluación de Impacto Ambiental nacional también queda automáticamente incluida.

Cuando se inicie un proceso de toma de decisiones sobre una de las actividades anteriormente comentadas, se informará al público interesado a través de comunicación pública o individualmente al comienzo del proceso y se realizarán procedimientos de participación con tiempo suficiente. El público interesado tendrá derecho a poner de manifiesto observaciones y opiniones a la autoridad o autoridades competentes antes de que se adopte una decisión. Los resultados de las consultas que se lleven a cabo deberán ser tenidos en cuenta debidamente.

Participación pública en la elaboración de planes, programas y políticas

En este nivel la participación no es tan intensa. Su objetivo es garantizar que el público tenga posibilidades reales de participar desde el principio en la preparación y en la modificación o revisión de los planes o programas que sea necesario elaborar.

El público con derecho a participar lo determinarán los Estados miembros, pero en cualquier caso están incluidas las ONG de defensa ambiental. Cada Estado miembro debe determinar las modalidades de participación del público y garantizar que se le permita prepararse y participar eficazmente.

Para ello, debe informarse al público, mediante avisos públicos u otros medios apropiados, como los electrónicos, ante cualquier propuesta de plan o programa y su modificación o revisión, sobre su contenido y sobre los mecanismos mediante los cuales puede participar, incluida la autoridad competente a la que se podrán presentar los comentarios o formular preguntas.

Participación pública en la elaboración de normativa

Durante la fase de elaboración por autoridades públicas de disposiciones legales o instrumentos normativos con repercusión para el medio ambiente se promoverá una participación efectiva del público en una fase apropiada, y cuando las opciones estén aún abiertas.

Ejercicios de repaso y autoevaluación

1. El Derecho Ambiental... (señale la opción INCORRECTA)

a. ... es un Derecho Administrativo auxiliado por otras ramas del Derecho.
b. ... Tiene como objetivo regular los efectos de la contaminación transfronteriza.
c. ... se ha construido y se sigue construyendo a base de leyes, documentos e instrumentos internacionales, conocidos comúnmente como *soft laws.*
d. ... tiene su aparición internacional en el año 1972 a raíz de la promulgación de la Declaración de Estocolmo sobre el medio ambiente.

2. Que las normas del Derecho Internacional del medio ambiente no tengan fuerza jurídica vinculante es una característica propia de...

a. ... la multidimensionalidad.
b. ... el predominio del *soft law.*
c. ... la funcionalidad.
d. ... la emergencia del *hard law.*

3. El principio de participación ciudadana pertenece al Derecho Ambiental...

a. ... de la Unión Europea.
b. ... español.
c. ... Internacional.
d. Todas las opciones son incorrectas.

4. Señale la opción INCORRECTA.

a. La información ambiental puede ser solicitada solo por profesionales y entidades privadas dedicadas al estudio e investigación en materia ambiental.
b. La Ley 27/2006 de 18 de julio, es la que regula los derechos de acceso a la información, de participación pública y de acceso a la justicia en materia de medio ambiente.

c. Las Administraciones Públicas pueden cobrar una cantidad por el suministro de la información ambiental, siempre y cuando dicha cantidad sea razonable.
d. La difusión de información ambiental debe enmarcarse dentro del uso de las nuevas Tecnologías de Información y Comunicación.

5. La responsabilidad ambiental solo puede ser aplicada cuando...

a. ... sea posible establecer la identidad del contaminante.
b. ... se pueda cuantificar el daño.
c. ... se pueda establecer una relación entre el daño ambiental causado y el contaminador.
d. Todas las opciones son correctas.

6. ¿Cuál es la Ley de Responsabilidad Medioambiental?

a. Ley 26/2007.
b. Ley 7/2022.
c. Ley 16/2002.
d. Real Decreto Legislativo 1/2001.

Unidad Didáctica 4

Desarrollo sostenible

Contenido

1. Conceptos generales sobre el Desarrollo Sostenible
2. El concepto de Desarrollo Sostenible
3. El cambio hacia el Desarrollo Sostenible
4. Indicadores de sostenibilidad
5. Educación para el Desarrollo Sostenible

1. Conceptos generales sobre el Desarrollo Sostenible

Las necesidades de una población en continuo crecimiento junto con la degradación del medio ambiente y el agotamiento de los recursos naturales son las principales causas que han motivado la búsqueda de alternativas viables que permitan mitigar en la medida de lo posible los efectos que se derivan de esta situación.

Dentro de este contexto es donde podemos situar al concepto de **Desarrollo Sostenible.**

El concepto de Desarrollo Sostenible está ligado principalmente a la reflexión económica y ecológica. Tal es así, que lo que propició su aparición fue la necesidad de crear un mejor y mayor conocimiento del grado de incidencia del desarrollo económico sobre el medio natural y social, con la finalidad de reencauzarlo y hacerlo social y ecológicamente sostenible.

El término Desarrollo Sostenible integra de un modo ambiguo dos ámbitos de razonamientos diferentes: el del pensamiento económico tradicional y el de pensamiento ecológico.

Para el pensamiento económico tradicional, el concepto de desarrollo va ligado con la idea de crecimiento ilimitado de la producción, y su resultado se mide en agregados monetarios homogéneos de esa producción. Para el segundo razonamiento, el pensamiento ecológico, la noción de desarrollo hace referencia a procesos físicos de producción singulares y heterogéneos, que son sostenibles en la medida en que se realizan siguiendo los principios de funcionamiento de los ecosistemas naturales.

El modelo económico tradicional se orienta hacia la consecución del máximo crecimiento económico sin tener en cuenta los problemas derivados del agotamiento de los recursos, ya que los supone infinitos, ni tampoco los daños originados al medio ambiente, por no considerarlos relevantes.

Por tanto, el marco de razonamiento para comprender y evaluar al Desarrollo Sostenible de nuestros sistemas de producción, distribución, consumo y urbanización no están enfocados bajo las pautas de la economía clásica, sino bajo las pautas de la economía de la naturaleza, es decir, de aquella economía que toma en cuenta la capacidad de carga del planeta.

Desde la perspectiva ecológica el concepto de sostenibilidad es muy diferente al de la idea de sostenibilidad de la economía tradicional.

La perspectiva ecológica implica que los sistemas económicos-sociales han de ser reproducibles a corto, medio y largo plazo sin deteriorar los ecosistemas naturales en los que se apoyan. Es decir, la sostenibilidad es la viabilidad ecológica, donde los sistemas socioeconómicos que funcionan destruyendo la base biofísica son insostenibles.

De esta forma podemos entender al Desarrollo Sostenible como:

> *El mecanismo que permite a las sociedades actuales y futuras mantener y/o elevar su calidad de vida, además de conservar y restaurar los recursos naturales.*
>
> *El Desarrollo Sostenible en su Dimensión Ambiental y Educativa*
>
> María Novo.

Esta visión de desarrollo plantea tres enfoques básicos: el económico, el ecológico y el político-social, mediante los cuales se pretende alcanzar como puntos más importantes los siguientes:

- Mantener los procesos biológicos.
- Mantener la diversidad ecológica.
- Estabilizar las poblaciones humanas.
- Satisfacer las necesidades básicas y mínimas.
- Reducir la producción de residuos.
- Reducir los desequilibrios regionales.

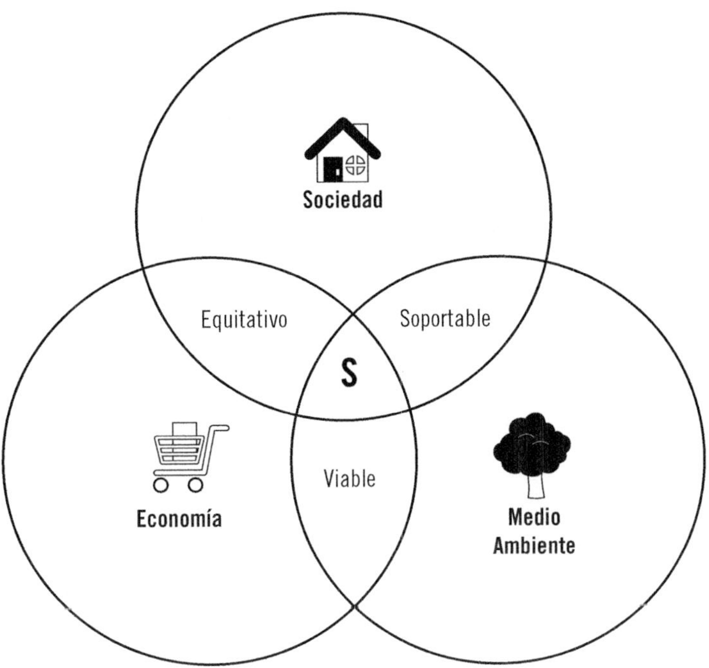

La **sostenibilidad** implica conciencia, sensibilidad, responsabilidad, cambios políticos y actitudes ciudadanas, aspectos éticos y culturales, así como patrones de consumo y estilos de vida.

La verdadera dificultad para alcanzar el Desarrollo Sostenible no es solo lograr la conjunción y participación de todos los sectores de la sociedad, sino también el compromiso global de todos los grupos sociales que pueblan el planeta.

2. El concepto de Desarrollo Sostenible

El concepto de Desarrollo Sostenible no ha permanecido invariable a lo largo de su historia, en este capítulo se describe su evolución a través del tiempo, los tres pilares básicos que han permitido su desarrollo y los principios básicos en los que se fundamenta.

2.1. Evolución en el concepto de Desarrollo Sostenible

Fue en la década de los 80 cuándo surgió el concepto de Desarrollo Sostenible, aunque ya en 1972 se establecieron los primeros indicios de esta nueva visión en la conferencia de la primera reunión mundial sobre medio ambiente, la llamada **Conferencia sobre el Medio Humano,** celebrada en **Estocolmo.**

La idea de Desarrollo Sostenible fue planteada primero por la **Unión Internacional sobre la Conservación Mundial de la Naturaleza,** la cual hablaba de sostenibilidad en términos ecológicos, pero con muy poco énfasis en el desarrollo económico. Esta estrategia de Desarrollo Sostenible contemplaba tres prioridades: el mantenimiento de los procesos ecológicos, el uso sostenible de los recursos y el mantenimiento de la diversidad genética.

Posteriormente en 1983, la ONU estableció la Comisión Mundial sobre el medio ambiente y el Desarrollo. El grupo de trabajo, conocido como **Comisión Brundtland,** inició diversos estudios, debates y audiencias públicas en los cinco continentes durante casi tres años, que culminaron en abril de 1987, con la publicación del documento llamado **Nuestro Futuro Común o Informe Brundtland.** En este documento se advertía que la humanidad debía cambiar las modalidades de vida y de interacción comercial si no deseaba el advenimiento de una era con niveles de sufrimiento humano y degradación ecológica inaceptables.

Se definió así el concepto de Desarrollo Sostenible como:

El Desarrollo Sostenible es el desarrollo que satisface las necesidades del presente, sin comprometer la capacidad para que las futuras generaciones puedan satisfacer sus propias necesidades.

Según este informe, el desarrollo económico y social debe descansar en la sostenibilidad y como conceptos claves en las políticas de Desarrollo Sostenible. Además se identificaron los siguientes puntos como aspectos indiscutibles para el logro del Desarrollo Sostenible:

- La satisfacción de las necesidades básicas de la humanidad: alimentación, vestido, vivienda y salud.

- La necesaria limitación del desarrollo impuesta por el estado actual de la organización tecnológica y social, su impacto sobre los recursos naturales y por la capacidad de la biosfera para absorber dicho impacto.

En 1989, la ONU inició la planificación de la Conferencia sobre el medio ambiente, en la que se trazarían los principios para alcanzar un Desarrollo Sostenible.

Finalmente, fue en Río de Janeiro, en 1992, en la llamada **Cumbre de la Tierra,** cuándo se concretó la idea de sostenibilidad y se expusieron las razones para explicar el concepto de Desarrollo Sostenible.

EARTH SUMMIT 92

La Cumbre de la Tierra agrupó a los más altos representantes de los gobiernos de 179 países, junto con cientos de funcionarios de los organismos de la ONU, representantes de los gobiernos municipales, círculos científicos y empresariales, así como a organizaciones no gubernamentales y otros grupos.

Como resultado de esta reunión, se trabajó en la formulación de la **Declaración de Río sobre el medio ambiente y el Desarrollo,** en la que se definieron los derechos y responsabilidades de las naciones en la búsqueda del progreso y el bienestar de la humanidad, así como también en un vasto programa de acción sobre el desarrollo mundial sostenible, denominado **Agenda 21** (Programa 21), que constituyó el prototipo de las normas tendientes al logro del Desarrollo Sostenible desde el punto de vista social, económico y ecológico.

El concepto de sostenibilidad planteado en la Declaración de Río, implicó la consecución de tres objetivos básicos:

- **Ecológicos.** Representados por el estado natural de los ecosistemas, los cuales, no deben ser degradados sino mantener sus características principales, esenciales para su supervivencia a largo plazo.
- **Económicos.** Que deben promover una economía productiva auxiliada por el *know how* de la infraestructura moderna, que debe proporcionar

los ingresos suficientes para garantizar la continuidad en el manejo sostenible de los recursos.
- **Sociales.** Los beneficios y costos deben distribuirse equitativamente entre los distintos grupos, etc.

Además, paralelamente a los preparativos de la Cumbre de la Tierra, se negociaron dos convenciones, que suscribieron la mayoría de los gobiernos reunidos y que sentaban criterios aclaratorios para el Desarrollo Sostenible:

- Convención Marco de las Naciones Unidas sobre Cambio Climático.
- Convenio sobre la Diversidad Biológica.

Desarrollo Sostenible: unión de conceptos

El concepto de Desarrollo Sostenible engloba, al mismo tiempo, los siguientes significados:

- **Sostenibilidad ecológica** o mantenimiento de las características de los ecosistemas que permiten la vida y la base material de la economía.
- **Sostenibilidad económica** o gestión adecuada de los bienes ambientales congruente con las metas de la sostenibilidad ecológica.
- **Sostenibilidad social** o distribución adecuada y justa de los costos y beneficios entre la población actual y las generaciones futuras (solidaridad intergeneracional), en un marco de sostenibilidad económica y ecológica.

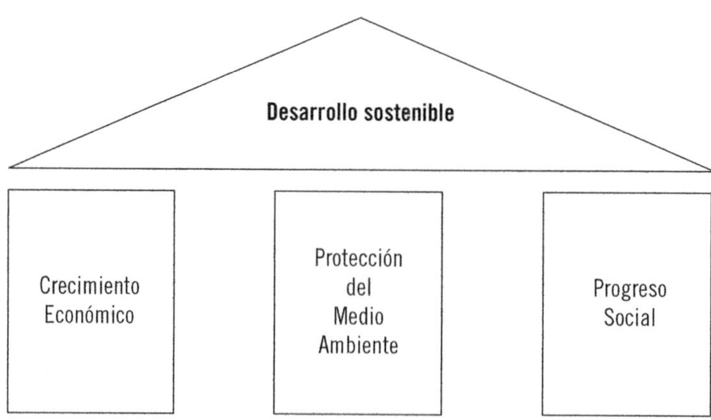

El Desarrollo Sostenible es aquel que ofrece servicios ambientales, sociales y económicos básicos a todos los miembros de una comunidad sin poner en peligro la viabilidad de los sistemas naturales, construidos y sociales de los que depende la oferta de esos servicios.

Pautas para el Desarrollo Sostenible

Transitar el camino hacia un Desarrollo Sostenible exigirá entonces, en el orden práctico, acciones en relación a:

- La planificación y diseño de políticas para la evaluación y la mejora de la calidad ambiental y para la valoración previa del impacto ambiental de las actividades y proyectos de la sociedad.
- La educación para la sostenibilidad ambiental que apunte a la incorporación de conocimiento, valores y actitudes que garanticen y funden éticamente la participación de las comunidades en las actividades conservacionistas y de aprovechamiento de la biodiversidad.
- El fomento e intercambio de la información ambiental y de la cooperación científico-técnica entre los diversos actores.
- El desarrollo de la capacidad humana y especialmente la reafirmación del papel de la mujer, para la promoción del uso sostenible de los recursos.
- El fortalecimiento de las instituciones populares y gubernamentales capaces de apoyar y ejecutar estas acciones.

El Desarrollo Sostenible se mide por su capacidad para cambiar la lógica (procedimientos, modos de pensamiento) y los sentidos (contenidos y significados) imperantes. Su acción debe entonces estar dirigida a producir los cambios en la dinámica económica y social (control sobre los medios y modos de producción, así como las formas de distribución de lo producido), de manera que esta se haga ambientalmente sostenible y sostenida, al tiempo que incide radicalmente, a través de la educación, en los mecanismos de formación y reproducción de los valores y actitudes de la población; pues solo de esta manera es posible fundar culturalmente los cambios.

Recuerde

El Desarrollo Sostenible es el desarrollo que satisface las necesidades del presente, sin comprometer la capacidad para que las futuras generaciones puedan satisfacer sus propias necesidades.

2.2. Los tres pilares del Desarrollo Sostenible

El Desarrollo Sostenible se sustenta en tres pilares fundamentales:

- **El ambiental:** la sostenibilidad,
- **El económico:** satisfacción de necesidades, eficiencia y deseos humanos,
- **El social:** justicia distributiva y calidad de vida.

No obstante, estos tres pilares pueden y suelen estar en conflicto siempre y, especialmente, en la situación actual.

DIMENSIONES Y TEMÁTICAS DEL DESARROLLO SOSTENIBLE		
AMBIENTAL	**SOCIAL**	**ECONÓMICA**
- Contaminación - Cambio climático - Desastres naturales - Biodiversidad - Residuos	- Salud y calidad de vida - Educación - Equidad - Derechos humanos - Igualdad de acceso a las oportunidades - Población	- Ciencia, tecnología y sociedad - Comercio y empresa - Energía - Uso eficiente de recursos - Indicadores de sostenibilidad

Sostenibilidad ecológica

La búsqueda del Desarrollo Sostenible implica definir un uso y gestión de los recursos naturales, basado en las siguientes pautas:

El mantenimiento del capital natural constante

Para alcanzar dicho nivel habrá que tener presente que no se puede consumir un recurso renovable que no pueda regenerarse en el mismo período que se consume. Al igual que, no podrá consumirse un recurso no renovable que no pueda sustituirse en el mismo período por un recurso renovable cuya función sea equivalente al recurso que se está agotando.

De una forma extensiva se puede decir que la utilización de recursos no renovables debe estar necesariamente acompañada de la generación de un recurso alternativo, que pueda estar utilizado por generaciones futuras.

Habrá que tener en cuenta la capacidad de carga de la naturaleza, es decir, no se podrán seguir depositando en la naturaleza los residuos resultantes de la actividad humana sin tener la seguridad de que no pueden producir daño alguno en el momento actual o lo pudieran ser para las generaciones venideras.

La capacidad de asimilación ecológica

Esta capacidad consiste en comprobar que cualquier actividad humana no sobrepase los límites de asimilación ecológica, es decir, que no exista un impacto ambiental remanente.

La protección de las especies

Se deberá proteger toda la biodiversidad que compone el medio ambiente.

La consideración de los ciclos de vida naturales materiales

Para así poder analizar las consecuencias reales de las actividades humanas.

Sostenibilidad social

Desde un punto de vista social, el Desarrollo Sostenible supone la estabilidad de los sistemas sociales y culturales, en especial la preservación de la diversidad cultural en la tierra y en el uso de las prácticas de sostenibilidad de las culturas menos dominantes e implica:

Equidad

La *Equidad Intrageneracional* se basa en que se deben satisfacer las necesidades básicas de toda la población mundial.

Deben desaparecer las dificultades internas y externas para que todos los pueblos tengan fácil acceso a los recursos naturales y financieros, y evitar así, que estos recursos se han destinados a enriquecer a unos privilegiados o a adquirir bienes que no van a contribuir al bienestar de la sociedad. Por ejemplo, es demencial que la explotación del petróleo descubierto en ciertas regiones subdesarrolladas se emplee en la compra de armas o para el acúmulo de capital en manos de unos pocos, mientras que la población dónde se sitúa esa explotación muere de hambre o vive en condiciones infrahumanas.

Según los principios del Desarrollo Sostenible se deben canalizar los excedentes mundiales a favor de las naciones menos desarrolladas haciendo que desaparezcan las causas que imposibilitan una distribución justa.

La *Equidad intergeneracional* está basada en que cada generación tiene la obligación de dejar a las generaciones futuras unas condiciones de vida, como mínimo, equivalentes a las que actualmente disfruta. No se pueden generar residuos al ritmo actual sin tener una razonable certeza de que no se está comprometiendo el equilibrio ecológico de las generaciones futuras, por ejemplo.

Suficiencia

Se debe disminuir el nivel de consumo de recursos naturales de los países desarrollados. Hay que evolucionar hacia un tipo de producción menos intensa en el consumo de recursos naturales. El fomento de esta tendencia contribuirá efectivamente a la transición hacia la sostenibilidad.

Tienen que desarrollarse modelos de consumo y estilos de vida sostenibles. Para mantener las formas actuales de vida tendrían que aplicarse todas las medidas técnicas disponibles para evitar la producción y posterior incorporación de residuos a la naturaleza, aumento de la eficiencia energética, gestión sostenible de los bosques, explotación agrícola que deje intactas las características edafológicas del suelo, urbanizaciones ecológicamente proyectadas y construidas, edificios bioclimáticos y otras consideraciones equivalentes, que por el momento no se están consiguiendo.

La alternativa es modificar radicalmente la forma de vida actual, posiblemente con disminución de las ventajas que representa la sociedad del bienestar, lo que es realmente complicado sobre todo para los grupos sociales que se han incorporado recientemente.

Sostenibilidad económica

La sostenibilidad económica está basada en el máximo flujo de beneficios que pueden generarse con la misma cantidad de recursos o capital, e implica:

Desarrollo de la economía con restricciones ecológicas

Los principios y leyes de la ecología deben ser aplicados a la economía. Se deben introducir los ciclos de los materiales en los procesos de producción y consumo, de forma que no se produzca una acumulación de residuos y se evite el uso innecesario de recursos naturales.

Economía estacionaria

La economía basada en la utilización de materiales y de energía tiene que ser considerada como un subsistema de la ecosfera. Tiene que reducirse radicalmente el crecimiento basado en un aumento del consumo energético o de materias primas que implique un detrimento del ecosistema Tierra.

Evaluación de los recursos naturales

La explotación de los recursos naturales debe mantenerse en un nivel como mínimo constante. Debe modificarse el sistema de indicadores económicos para que estos incluyan el deterioro o las mejoras que se introducen en el medio ambiente. Se deben habilitar instrumentos económicos y políticos, como por ejemplo, las ecotasas, para la conservación del capital natural.

El aspecto de la sostenibilidad económica del Desarrollo Sostenible necesita aclarar ciertos puntos, como son:

- El verdadero Desarrollo Sostenible puede requerir un crecimiento económico, principalmente de los países subdesarrollados, pero no siempre o no como la única medida. Aunque sí implica que en los países desarrollados exista un desarrollo sin crecimiento.
- El crecimiento económico tiene siempre un carácter instrumental y por tanto ha de ir acompañado de otras estrategias para contribuir al desarrollo.
- El simple crecimiento del producto global puede ser empobrecedor si provoca destrucción ambiental irreversible en los ecosistemas o si, yendo en contra del bienestar colectivo, alcanza con sus beneficios a un sector limitado de la población.
- El desarrollo económico, para aproximarse al sostenibilidad, plantea necesariamente una ordenación (o reordenación) de los valores y criterios que rigen las prioridades (en la explotación de recursos, en la asignación de beneficios, etc.).
- El crecimiento de los países desarrollados no supone desarrollo en los países subdesarrollados, sino todo lo contrario, ya que como los recursos son finitos, lo que se agota o utiliza en una parte deja menos o sin ellos para la otra parte.

Recuerde

El Desarrollo Sostenible se sustenta en tres pilares básicos: la sostenibilidad ecológica, la sostenibilidad social y la sostenibilidad económica.

2.3. Los principios básicos del Desarrollo Sostenible

El modelo de Desarrollo Sostenible requiere de la aplicación y consecución de los siguientes principios:

- **Respetar los límites de regeneración y absorción de los ecosistemas naturales.** En un planeta finito, el ritmo de crecimiento ilimitado de la población y del consumo de los recursos es inviable, más aún si el modelo de producción y consumo que se expande es el de los denominados países desarrollados.
- **Vivir de las fuentes de energía renovables.** De las energías renovables endógenas que no contaminan. La reducción de las energías no renovables y sus consecuencias ambientales y sociales son ya evidentes. Se necesita un sistema energético basado en energías renovables. Los depósitos de energías fósiles deberían considerarse como una red de seguridad mientras se realiza la transición.
- **Producir y consumir cerrando los ciclos de materiales.** Residuo cero de la materia prima. Todos los productos de la economía deberían ser nutrientes biológicos (biodegradabilidad y atoxicidad) del metabolismo biológico o nutrientes industriales de la producción industrial.
- **Reducir el transporte horizontal de materias primas a larga distancia.** El Desarrollo Sostenible es fundamentalmente producción endógena y de proximidad. Esta proximidad ha de referirse también a la construcción de ciudades compactas, frente a las actuales conurbaciones dispersas en sus funciones.
- **Evitar los productos xenobióticos.** Impedir la introducción de productos artificiales y extraños a los sistemas naturales, como por ejemplo los organismos modificados genéticamente.

- **Respetar y estimular la biodiversidad natural.** También respetando las singularidades regionales, culturales, materiales y ecológicas. La enorme variedad de genes, organismos, y ecosistemas es una característica básica de la vida en el planeta y una garantía de seguridad para la humanidad.
- **Reducción de la desigualdad en el uso de los recursos a escala global y eliminación de las relaciones de dependencia entre el Norte y el Sur.** Que producen pobreza, desnutrición e imposibilidad de desarrollo humano, afectando a la mayoría de la población mundial actual.
- **Aumentar la ecoeficiencia.** Se ha de promover la mejora de la eficiencia en la producción y el consumo final de los recursos. Es necesario priorizar la tecnología que aumente la productividad de los recursos, es decir, el volumen de valor extraído por unidad de recurso, en detrimento de la tecnología que incrementa la cantidad extraída de recursos como tal.

Existen diversos tipos de aprovechamiento de energías renovables, entre las más comunes encontramos los aerogeneradores que aprovechan la energía eólica, los paneles solares térmicos o fotovoltaicos que aprovechan la energía solar.

3. El cambio hacia el Desarrollo Sostenible

El Desarrollo Sostenible implica una transformación progresiva de nuestras sociedades, teniendo siempre presente que esta transformación no deberá ser la misma en las sociedades del Norte que en las del Sur.

En las áreas ricas del planeta, la sostenibilidad supondrá una reorientación de las políticas de uso y gestión de los recursos y un reajuste de las pautas de consumo, que nos vayan aproximando al necesario objetivo de vivir mejor con menos. En el Sur, por el contrario, muchas veces el Desarrollo Sostenible requerirá crecimiento económico, pero teniendo en cuenta que el crecimiento por sí mismo no es garantía de sostenibilidad, y que incluso altos niveles de productividad pueden coexistir con pobreza general y deterioro ambiental como, de hecho, sucede en muchos lugares.

Por tanto, los planteamientos del Desarrollo Sostenible, deben reorientar "la cantidad" del crecimiento hacia las zonas más necesitadas, así como cambiar "la calidad" del crecimiento, de manera que este se produzca dentro de los márgenes ecológicos de cada comunidad y con atención al reparto equitativo de sus beneficios. Esto significa que, en los países del Sur, no solo sería necesario incrementar el producto interior bruto o la renta per cápita, sino sobre todo actuar sobre variables no económicas como la salud, la educación, el bienestar, la conservación de la naturaleza, etc., que permitan hablar de un desarrollo de calidad.

La vía de acceso al Desarrollo Sostenible implicaría la resolución de cuestiones de carácter político/económico y tecnológico. Así, las cuestiones de carácter político/económico afectarán al modo en que adoptamos colectivamente posturas que conduzcan a la sostenibilidad, las de carácter tecnológico harán referencia a la forma en que orientaremos nuestras elecciones tecnológicas.

En relación al primer aspecto (las cuestiones de carácter político/económico), las diferentes sociedades deberán abandonar las conductas que favorezcan al crecimiento ilimitado, a favor de estrategias y políticas que busquen un desarrollo cualitativo, en las que hay tener en cuenta que en algunas situaciones (países o áreas geográficas con carencias de agua potable, infraestructuras sanitarias, vivienda,...) el Desarrollo Sostenible implique necesariamente crecimiento económico, como ya hemos venido comentando a lo largo de la unidad. Ello planteará conflictos en el uso de los recursos que, sin embargo, no podrán ser resueltos mediante la destrucción de los bienes naturales de tales contextos, pues esto significaría contribuir a un desarrollo poco o nada sostenible en el medio plazo.

En cuanto al segundo aspecto, habrá que tener presente que el Desarrollo Sostenible no responde a una cuestión meramente tecnológica, ya que los avances tecnológicos también acarrean enormes problemas que van desde la influencia desmedida de las tecnologías audiovisuales en la vida de las gente hasta la contaminación alimentaria derivada de productos químicos nocivos, o los problemas de nuevas enfermedades, etc. Así tenemos que, el Desarrollo Sostenible implicará una reorientación tecnológica en tres direcciones:

- Revisar las consecuencias de nuestras aplicaciones tecnológicas y corregir, cuando sea posible, los daños por ellas causados sobre la salud, el medio ambiente y la vida de las colectividades.
- Orientar adecuadamente las nuevas aplicaciones tecnológicas tomando en cuenta el principio de precaución, lo que supone invertir la carga de prueba en cuanto a sus posibles efectos negativos (no son los grupos ecologistas los que deben demostrar que el producto contamina o es peligroso para la salud, sino las empresas que lo lanzan las que deben demostrar que no contamina y no presenta peligros).
- Reconducir las inversiones hacia tecnologías conectadas con las necesidades urgentes de la humanidad. Por ejemplo, sería más efectivo, a juicio de muchos, gastar el dinero en investigar sobre vacunas frente a la malaria o el sida, en lugar de invertirlo en la carrera espacial o la investigación armamentística.

El Desarrollo Sostenible requiere un cambio en el modelo actual, consistente en reconstruir sistemas humanos que enlacen armoniosamente en los sistemas naturales, es decir, un cambio para integrar los sistemas humanos dentro de los sistemas naturales. Para ello es preciso conocer los principios de organización y funcionamiento de los ecosistemas naturales y adaptar el sistema social a dichos principios.

Como ya sabemos, el desarrollo para ser sostenible ha de ser ecológicamente viable. Esto significa por de pronto, que, si queremos preservar la naturaleza para las generaciones futuras, hemos de atenernos a consumir tan solo "los intereses" que ella produce pero nunca su "capital biológico". Esta pauta nos obliga a contener nuestros impulsos consumistas basados en el uso intenso de bienes naturales.

El economista **Herman Daly** nos ayuda a comprender cuáles son los **límites sostenibles** del caudal productivo de materias primas y energía en el mundo:

- Para una fuente renovable (suelo, agua, bosques, peces,...), la tasa de consumo sostenible no debe ser mayor a la tasa de regeneración de su fuente (por ejemplo, la pesca se hace insostenible cuando el ritmo de las capturas es superior a la tasa de crecimiento de la población de peces restante).
- Para una fuente no renovable (combustibles fósiles, menas de minerales de alta pureza, aguas freáticas fósiles), la tasa de consumo sostenible no debe ser superior a la tasa con la que un recurso renovable, utilizado de modo sostenible, puede sustituirla (por ejemplo, un tanque de petróleo se consumiría de modo sostenible si parte de los beneficios que se obtienen del mismo se reinvirtieran sistemáticamente en energías renovables, de forma que, cuando el recurso petróleo se agotase, estuviese sostenible un flujo equivalente de otras formas de energía, en este caso renovables).
- Para un contaminante, la tasa de emisión sostenible no debe ser mayor que la tasa con la que este contaminante puede ser reciclado, absorbido o neutralizado en su sumidero (por ejemplo, las aguas residuales que vierten a un río no deben hacerlo a un ritmo mayor al que los microorganismos pueden absorber y neutralizar sus componentes sin que se desestabilice el sistema acuático).

Otras de las pautas para el cambio al Desarrollo Sostenible es que este cambio debe abordar y mantener el **principio de equidad.** Se trata de reconocer que, desde enfoques equitativos, no podemos proponer las mismas soluciones o condiciones para el desarrollo al Norte rico que al Sur que está buscando salir del subdesarrollo.

Por tanto, cualquier actividad que origine la disminución de las existencias de recursos renovables, la subida de nivel de sumidero de contaminación o que las existencias de recursos no renovables desciendan sin ninguna sustitución renovable a corto plazo, no son actividades sostenibles.

Una economía que gasta recursos y emite residuos por encima de las posibilidades reales del planeta, operando en un sistema finito y cerrado, como la Tierra, no es una economía sostenible.

Los actores sociales y sus posiciones ante el Desarrollo Sostenible

El logro del Desarrollo Sostenible es una tarea común que implica la participación de todos los ciudadanos. Pero como las comunidades no son entidades homogéneas sino que se hallan constituidas por distintos tipos de actores, que ocupan posiciones dispares en la estructura social y que defienden intereses, es posible distinguir varios tipos de actores con posiciones, responsabilidades, competencias y capacidades de cambio diversas de cara a la consecución del Desarrollo Sostenible.

Por una parte se encuentran las autoridades públicas, que, salvo contadísimas excepciones, desconocen tanto en términos globales como concretos cuáles son los principios fundamentales del Desarrollo Sostenible y qué implicaciones de participación social conlleva.

La mayoría de ellos manejan una concepción ambigua, imprecisa o, en los casos más extremos, inexistente sobre la sostenibilidad. Asumen implícitamente planes de sostenibilidad que tiene que ver básicamente con la conservación de los espacios "naturales" (por ejemplo, parques y jardines o, incluso, los cultivos agrícolas intensivos, que son a todas luces, ecológicamente insostenibles), con la limpieza de las ciudades, y con la disminución del ruido. Suelen identificar al medio ambiente con los aspectos estéticos, de habitabilidad en el medio urbano y de conservación de la fauna y la flora local. Por lo general, estos planes no se vinculan con la necesidad de adaptar nuestro modo de producción, distribución y consumo a los principios físicos y ecológicos de funcionamiento del ecosistema natural de la biosfera.

Como consecuencia, el ámbito de la participación de las autoridades públicas queda habitualmente circunscrito a los aspectos secundarios de las actividades locales que inciden en el Desarrollo Sostenible. Sus acciones no incluyen cuestiones fundamentales, como el modelo de ciudad sostenible, la relación del ecosistema urbano local con los ecosistemas a los que explota, la huella ecológica, el modelo de desarrollo económico, el tipo de energías que se emplean. Y en el caso de que sí aborden estos temas, las propuestas que plantean generalmente están enunciadas en términos de propósitos o de objetivos sin la correspondiente planificación operativa y práctica.

Recuerde

El Desarrollo Sostenible debe mantener el Principio de Equidad, es decir, las soluciones no serán iguales para el hemisferio Norte (rico) que para el hemisferio Sur (pobre).

Del mismo modo, se aprecia una concepción ambigua e imprecisa de la participación, que es percibida por la mayoría de los gobernantes como consulta, apoyo o complemento para ejercer el gobierno, e incluso como mecanismo justificador de decisiones tomadas con anterioridad por políticos y técnicos. Son escasísimos los casos en que se plantea como un proceso de implicación de los ciudadanos en la toma de decisiones, tanto en la determinación de los problemas como en las apuestas de planificación y en la ejecución y seguimiento de lo planificado.

Por otro lado, la ciudadanía, donde con la excepción de algunos ciudadanos especialmente interesados por estos temas y frecuentemente vinculados de algún modo con las organizaciones o con el movimiento social ecologista, no sabe tampoco qué es el Desarrollo Sostenible, ni cómo y para qué participar.

Como han demostrado numerosas encuestas, se ha producido un avance muy notable en la sensibilidad ecológica de los individuos, pero tal sensibilidad se ciñe a la adhesión afectiva de valores muy genéricos y confusos de carácter ecologista. Una adhesión que no va acompañada en la dimensión cognitiva de un conocimiento mínimamente preciso sobre los problemas ambientales, sobre sus causas, responsabilidades y medios de corrección. Tampoco afecta, en el nivel de las conductas, a un cambio en los comportamientos cotidianos, ni repercute de manera significativa en la participación en asociaciones ecologistas ni en las actividades colectivas organizadas por tales asociaciones.

Lo que preocupa a los ciudadanos son los problemas locales vinculados con la habitabilidad y la calidad de vida en las ciudades. No se ha extendido aún una perspectiva global y de fondo que relacione los problemas ambientales locales con las causas estructurales de los mismos, o que permita descubrir los problemas más importantes para la sostenibilidad local y global del desarrollo socioeconómico.

Son **los técnicos de la Administración Pública y los grupos de expertos** los que tienen las ideas más claras sobre el Desarrollo Sostenible debido a su formación especializada en el área y por el papel protagonista que desempeñan en los procesos de participación ciudadana.

Sin embargo, son todavía pocos los técnicos de la Administración Pública que trabajan en esta área, y su formación suele ser muy especializada, careciendo de la visión transversal e integral que supone el Desarrollo Sostenible. Además, en lo que atañe a la participación ciudadana, estos técnicos arrastran una pesada losa de carácter técnico, que relega a los ciudadanos a un papel de simple colaboración para la mejora de los planes.

En todo caso, los técnicos y los expertos en el área, junto a las organizaciones y ciudadanos que constituyen el movimiento social ecologista, desempeñan un papel esencial de información, formación y movilización para promover acciones públicas, empresariales y ciudadanas orientadas al Desarrollo Sostenible.

Por último, el **empresariado** en general, con la excepción de los que pertenecen a la rama de la industria verde (paneles solares, energía eólica, etc.) sigue percibiendo la protección del medio ambiente como una amenaza a su proceso productivo y a la obtención de beneficios.

Solo por imposiciones legales (que suelen provenir de la UE y han sido trasladados a la normativa nacional y local), por las penalizaciones que acarrea el incumplimiento de las normas, o porque se contempla como una posibilidad de aumentar las rentas mediante la ampliación de mercado "la imagen verde", introducen criterios ecológicos en sus procesos productivos y en sus productos, que acompañan con un claro componente publicitario.

Y es que, sin negar el compromiso ecológico que va calando de modo paulatino en algunos sectores empresariales, especialmente en pequeñas empresas y comercios, es preciso advertir que la lógica económica del capitalismo que rige la organización empresarial en nuestras sociedades, solo contempla los problemas ambientales como externalidades negativas e inevitables de la producción y el consumo de bienes. Desde esta perspectiva el desarrollo, sostenible o no, es simple desarrollo económico, crecimiento ilimitado. Y el objetivo de la empresa es la creación de valor y el incremento de las rentas, al margen de cualquier preocupación o interés por la sostenibilidad de los ecosistemas naturales en los que se asienta la producción.

Sin embargo, el sector empresarial es un actor básico e ineludible de cualquier planificación realista de Desarrollo Sostenible, por lo que debe ser incorporado de algún modo a dicha planificación.

4. Indicadores de sostenibilidad

El logro de la sostenibilidad pasa por replantear el funcionamiento de los ecosistemas sociales, lo que hace necesario el establecimiento para ello de un sistema de indicadores que faciliten la evaluación y seguimiento del modelo de desarrollo local y global.

Estos sistemas de indicadores deben valorar los sistemas humanos para encontrar la manera de que estos últimos pueden ir encajando mejor en los sistemas naturales.

Los indicadores de sostenibilidad son un conjunto o sistemas de señales referidas a las metas y valores con los que una sociedad define su trayectoria de Desarrollo Sostenible, y permiten evaluar el progreso desarrollado hacia los objetivos que vinculan el equilibrio ecológico con el bienestar humano en términos de equidad.

Un indicador es una señal, un signo, que refleja unas características (cuantitativas o cualitativas) del sistema al que se refiere, sobre sus condiciones pasadas, actuales o futuras. Los indicadores son variables y pueden adoptar distintos valores o estados específicos.

Los indicadores se convierten en un instrumento de primera mano para determinar el resultado de las actuaciones llevadas a cabo.

Un indicador debe ser claro, comprensible y fiable, ayudar a cumplir objetivos de mejora, responder a las necesidades o problemas detectados, así como ser capaces de arbitrar soluciones.

Los indicadores de sostenibilidad deben ir más allá de una aproximación sectorial (Comisión Europea, 2000) y con ellos se deben buscar objetivos que respondan a los puntos débiles prioritarios, y a las metas alcanzables, coherentes y progresivas, para lo que es necesario que sean revisados periódicamente.

Cuando se proponen indicadores de sostenibilidad se debe tender a que estos reflejen interacciones de los aspectos ambientales, sociales y económicos.

En los indicadores de sostenibilidad no se valoran solo los atributos ecológicos de los bienes y servicios sino también los económicos y sociales (valor económico, empleo,...).

Un buen indicador de sostenibilidad debe comprender aspectos de información y de acción que permitan corregir los elementos no sostenibles detectados en la información. Es siempre necesaria una acción paralela. Los indicadores únicamente tienen sentido si se van a cuantificar las mejoras en alguno de los aspectos que deben cumplir las ciudades en su Desarrollo Sostenible antes y después de planificar las acciones, ya que permiten evaluar el medio ambiente e interpretar condiciones y tendencias de las características generales del entorno y observar los avances logrados por los programas y políticas implementadas para ello. También tienen utilidad para comparar distintos modelos de desarrollo local planteados en distintas ciudades.

4.1. Características de los indicadores de sostenibilidad

Los indicadores de sostenibilidad han de tener una serie de características que se enumeran a continuación:

- Los indicadores deben ser exactos, inequívocos y específicos.
- Deben ser comprensibles y fáciles de interpretar.
- Deben ser accesibles y sencillos de obtener, evitando aquellos cuya interpretación requiera infinidad de cálculos estadísticos y matemáticos.

- Deben ser significativos y relevantes, representar la realidad de un sistema para poder actuar en consecuencia.
- Deben ser sensibles a los cambios, solo así se podrá evaluar de una manera rápida, sencilla y continúa el desarrollo de las actuaciones ambientales y socioeconómicas.
- Deben ser válidos, científicamente solventes, verificables y reproducibles.
- Deben ser herramientas útiles para la acción, en conjunto deben proporcionar una visión rápida de la situación del medio ambiente.

Son muchos los estudios que se han hecho para el establecimiento de dichos indicadores. Entre ellos podemos señalar:

- **GEO mundial.** Creado por el programa de Naciones Unidas para el medio ambiente (PNUMA) con objeto de contar con evaluaciones amplias, integradas y relacionadas con el medio ambiente mundial.
- **EUROSTAT.** Presenta una compilación de indicadores de Desarrollo Sostenible para los estados miembros de la Unión Europea.
- **Agencia Ambiental Europea.** Lleva a cabo informes periódicos de datos estadísticos sobre las variables ambientales y de desarrollo europeas.
- ***World Resources Institute* (WRI).** El trabajo WRI analiza las principales tendencias de los recursos naturales a escala mundial, a través de algunos proyectos significativos de evaluación integrada (que simultáneamente evalúan el rango de bienes y de servicios que un ecosistema produce). Una de las principales iniciativas de sus proyectos PAGE (*Pilot Analysis of Global Ecosystems*) ha sido promover una investigación más amplia al respecto, que ha dado lugar a la conocida como Evaluación de Ecosistemas del Milenio.
- **Ecomilenio.** Se centra en evaluar la capacidad de los ecosistemas para prestar los bienes y servicios esenciales para el desarrollo humano.

Recuerde

Los indicadores de sostenibilidad son un conjunto de valores con los que una sociedad puede definir su grado de Desarrollo Sostenible.

4.2. Tipos de indicadores para la sostenibilidad

Los indicadores de Desarrollo Sostenible son, generalmente, de tres tipos:

a. De carácter económico.
b. De orden social.
c. De contenido ecológico.

Tal es así, que la evaluación de la sostenibilidad es el resultado de un adecuado entrecruzado entre todos ellos.

- **Indicadores económicos,** se consideran los siguientes:
  - Consumo anual de energía por habitante.
  - Consumo de recursos energéticos renovables.
  - Gastos de protección del medio ambiente, como porcentaje del PIB.
  - Producto nacional verde.
  - Ayuda pública al desarrollo, como porcentaje del PIB.

- **Indicadores sociales,** se tienen en cuenta principalmente los siguientes:
  - Tasa de mortalidad infantil.
  - Tasa de vida al nacer.
  - Participación del gasto nacional total de sanidad en el PIB.
  - Tasa de desempleo.
  - Número de mujeres empleadas por cada 100 hombres.

- **Indicadores ecológicos,** se consideran los que se nombran a continuación:
  - Consumo de sustancias agresivas para la capa de ozono.
  - Emisiones de gases de efecto invernadero.
  - Consumo de agua por habitante.
  - Reciclado y reutilización de residuos.
  - Evolución de la superficie forestal.

4.3. Un ejemplo de indicadores de sostenibilidad: los Índices

Se ha constatado que ni los indicadores económicos, ni los sociales, ni tampoco los ambientales pueden por sí solos dar cuenta de la sostenibilidad. Por tanto, es preciso crear sistemas combinados que articulen e integren la información de los tres ámbitos.

Un tipo específico de indicadores son los denominados **índices.** Los índices tienen por objeto establecer el estado o la evolución de una determinada variable. Se obtienen al agregar o relacionar dos o más variables de un fenómeno a las cuáles se les asigna un peso relativo al resto a la hora de integrar todos los efectos. Así, por ejemplo, el índice de natalidad expresa la relación entre los nacidos vivos y el total de la población.

Algunos de estos índices más conocidos, de alcance mundial o nacional, son:

- **Índice de bienestar económico sostenible (IBES).** Es un interesante aporte metodológico, diseñado originalmente, en los años 80, por Daly y Coob y revisado posteriormente, que establece en un solo valor (índice) un indicador sobre la sostenibilidad de los niveles de bienestar de la población de un país a lo largo del tiempo. Integra ponderadamente variables económicas, distributivas, sociales y ambientales. Los resultados obtenidos en algunos casos con este índice (en inglés ISEW), muestran una discrepancia con el PIB: a partir de la década de los 70 o de los 80 (según los países), aunque el PIB siguió subiendo, en general se observó una tendencia a la disminución del IBES, lo que se traducía en un empeoramiento o estancamiento en términos de bienestar y sostenibilidad. Un desarrollo posterior de este ha conducido, en los años 90, al Índice de Progreso Auténtico en el trabajo de un grupo de investigadores californianos que llevan adelante el programa de indicadores *Redefining Progress.*
- **Índice de Sostenibilidad Ambiental (ISA).** Este índice combina 22 indicadores ambientales que van desde la calidad del aire, reducción de residuos, hasta la protección de bienes comunes internacionales. Mide cinco puntos centrales: el estado de los sistemas ambientales de cada país, el éxito en la reducción de problemas ambientales, la capacidad de cada nación para tomar decisiones sobre medio ambiente y

el nivel de administración de cada país. Suecia, Canadá, Dinamarca, son países que presentan una valoración muy favorable en el ranking internacional del ISA.

- **La huella ecológica.** Es un índice que se calcula considerando el territorio, medido en hectáreas necesarias para sustentar el consumo y la absorción de desechos derivados de ese consumo, por un grupo determinado de población. El consumo se calcula a partir de la producción, restando las exportaciones y sumando las importaciones. Actualmente se estima que, a nivel global, el planeta proporciona entre 1,7 y 2,3 hectáreas de promedio por persona.

Top 10 de los países con mayor huella ecológica por persona. Fuente: Ozono activo

Qatar	Luxemburgo	Islas Cook	Bahréin	Emiratos Árabes Unidos
14,3 gha	13,0 gha	8,3 gha	8,2 gha	8,1 gha

Estados Unidos	Canadá	Estonia	Kuwait	Belice
8,1 gha	8,1 gha	8,0 gha	7,9 gha	7,9 gha

(gha) hectáreas globales por persona

- **Índice del planeta vivo.** Es un índice de sostenibilidad ambiental cuyo aporte más significativo es que alcanza a todo el planeta, aunque exhibe algunos componentes desglosados por naciones. El índice del planeta vivo, *Living Planet Index* (LPI), mide los cambios en los ecosistemas naturales del mundo desde 1970, centrándose en las áreas boscosas, las aguas dulces y los biomas marinos, en donde se localiza la mayor biodiversidad del planeta.

  Por los resultados que muestra, el LPI ha declinado en un 30 % entre 1970 y 1995, lo que significa que, durante este período, el mundo ha perdido casi un tercio de su riqueza natural.

Para el año 2050 las previsiones indican que el territorio disponible se reducirá a 1,6 gha.

4.4. Clasificación de los indicadores de sostenibilidad

Los indicadores de sostenibilidad generalmente se ordenan de alguna forma para presentar sus resultados y hacer que sean comprensibles a quienes los utilizan. Estas modalidades son conocidas como marcos ordenadores, y son acordes con la filosofía y el enfoque del desarrollo de quienes establecen el sistema de indicadores. Algunos ejemplos de estos son:

Marco Presión-Estado-Respuesta

Fue desarrollado por la OCDE (1993) y es compartido, con enmiendas, por otras Agencias Internacionales.

Según este marco, los indicadores se ordenan en tres categorías: indicadores de presión, referidos a los causas de los problemas; indicadores de respuesta, que ilustran acerca de lo que se está haciendo para resolver los problemas; e indicadores de estado que dan cuenta de la situación del ambiente y de su evolución.

Marco Fuerza Motriz-Estado- Respuesta (FER)

Se trata de una modificación del anterior que sustituye el concepto de "presión" por el de "fuerza motriz" por entender que este último puede englobar no solo aspectos negativos sino también positivos.

Se establecen, por tanto, indicadores de fuerza motriz que representan actividades y procesos de impacto (favorable o desfavorable) en el Desarrollo Sostenible. Se mantienen los indicadores de estado y de respuesta.

Marco Ordenador Presión–Estado–Impacto/Efecto-Respuesta

Se trata de una complejización del modelo anterior. Su novedad es que el tercer indicador observa el impacto/efecto de las acciones humanas sobre el medio ambiente y a la inversa, e introduce nuevos indicadores prospectivos sobre la sostenibilidad.

Existen muchos otros marcos para la estructuración de los resultados obtenidos mediante indicadores. La mayoría siguen una lógica bastante lineal. Últimamente se trabaja en los llamados **Indicadores de tercera generación,** que tratan de reflejar las sinergias, realimentaciones y fenómenos complejos que se dan en el Desarrollo Sostenible.

Consecuentemente, comienzan a esbozarse marcos ordenadores de carácter sistémico, que intentan tomar en cuenta la multicausalidad de los fenómenos del desarrollo y el medio ambiente se realimentan continuamente unos a otros.

4.5. Indicadores de sostenibilidad a nivel local

Los indicadores de sostenibilidad local son modelos contextualizados que cada municipalidad establece de forma individual. Por lo general, su objetivo es dotar a los ayuntamientos que adoptan la **Agenda 21** (de la que hablaremos más adelante) de un instrumento que les permita conocer sus avances y errores en el proceso hacia la sostenibilidad.

Para su diseño, existe un cierto consenso sobre algunas de las **características** que todos ellos debieran reunir:

- Ser lo más exactos, inequívocos y específicos posible.
- Ser comprensibles y fáciles de interpretar.
- Que resulten accesibles y fáciles de obtener.
- Que den información significativa y relevante.
- Que sean sensibles a los cambios.
- Válidos, verificables y reproducibles.
- Que funcionen como herramientas útiles para la acción.

Algunos de los indicadores más utilizados y representativos de este tipo de indicadores son:

- **Ocupación urbana del suelo:** evalúa el potencial de ocupación urbana del suelo, determinando la superficie urbana ocupada o en previsión de serlo con relación a la superficie total del municipio.
- **Utilización de los centros de recepción de residuos o puntos limpios:** evalúa el uso ciudadano de los puntos limpios, a partir del número de entradas de materiales realizadas por la población en relación a la población total.
- **Adecuación del planeamiento a la singularidad ecológica del territorio:** identifica la superficie de especial valor ecológico clasificada como suelo urbanizable, respecto al total de la superficie de especial valor ecológico del municipio.
- **Protección de espacios de interés natural:** valora la existencia y viabilidad de los diferentes órganos estables de participación ciudadana.
- **Consumo final de energía:** estima el consumo final de energía considerando los diferentes tipos consumidos en el municipio, es decir energía eléctrica, gas natural, etc.
- **Producción local de energías renovables:** informa sobre el nivel de autoabastecimiento local con fuentes energéticas renovables y sostenibles (solar, eólica, minihidráulica...).
- **Consumo de agua de abastecimiento municipal:** da cuenta del consumo de agua de la red de suministro municipal y de las pérdidas registradas en la red de distribución.
- **Pérdida de masa forestal:** recoge la variación de la superficie arbórea a causa de la presión humana.
- **Valorización de los residuos industriales:** se consideran como valorizados aquellos residuos que vuelven a ser aprovechados, total o parcialmente.
- **Estado ecológico de los ríos:** se calcula a partir del índice de calidad del agua y del índice de calidad del bosque de ribera.
- **Concentración ambiental de contaminantes atmosféricos:** se expresa con el número de días que un contaminante supera los valores de referencia establecidos.
- **Emisión de gases de efecto invernadero:** estimado sobre el CO_2, NO_X y CH_4.

Como hemos dicho anteriormente estos modelos de indicadores locales son los más frecuentes y habituales, existen otro muchos, como los establecidos por la *Comisión Europea* y la *Agencia Europea del medio ambiente*, dónde sus principales indicadores son:

- **Satisfacción ciudadana con la comunidad local.** Determina el nivel de satisfacción de los ciudadanos sobre su municipio como lugar de trabajo y para vivir.
- **Contribución municipal al cambio climático.** Determina las emisiones de CO_2 de carácter antropogénico causadas por el uso de combustibles fósiles (carbón, petróleo, gas natural) en toneladas por año.
- **Movilidad municipal y transporte de pasajeros.** Permite conocer los niveles de movilidad en términos de distancias recorridas por ciudadano y día, y la importancia de cada medio de transporte utilizado.
- **Existencia de zonas verdes públicas y servicios municipales.** Disponibilidad de acceso a zonas verdes y servicios básicos (centros de asistencia primaria, transporte público, centros educativos, comercios, etc.) de la población.
- **Desplazamientos de los niños entre la casa y la escuela.** Determina el medio de transporte utilizado por los niños en el trayecto entre su casa y la escuela.
- **Gestión sostenible de la entidad municipal y de las empresas emplazadas en el municipio.** Proporción de organizaciones públicas y privadas que están adoptando procedimientos de gestión ambiental y social.
- **Contaminación acústica.** Mide la proporción de la población que se encuentra expuesta a niveles acústicos molestos para la salud humana.
- **Utilización sostenible del suelo.** Determina la protección de espacios de gran interés ecológico y la regeneración de los suelos o áreas contaminadas.
- **Productos que fomentan la sostenibilidad.** Da cuenta de la proporción de productos con garantías ecológicas, es decir, ecoetiquetas, cultivo biológico, etc.

5. Educación para el Desarrollo Sostenible

La educación es una herramienta esencial para el logro de la sostenibilidad. Es un hecho mundial que las tendencias de desarrollo económico actuales no son sostenibles y que la conciencia pública, la educación y la capacitación son la clave para llevar a la sociedad hacia la sostenibilidad.

El origen del concepto de **Educación para el Desarrollo Sostenible** es paralelo al origen del concepto de Desarrollo Sostenible. Las primeras ideas sobre la Educación para el Desarrollo Sostenible se capturaron en **el Capítulo 36 del Programa 2 del Informe *Brundtland:* "Promoviendo la Educación, Conciencia Pública y Capacitación".**

La Educación para el Desarrollo Sostenible procura satisfacer las necesidades del presente sin hipotecar las de las generaciones venideras.

A diferencia de la mayoría de los movimientos educativos, la Educación para el Desarrollo Sostenible fue iniciada por gente fuera de la comunidad educativa. De hecho, uno de los principales impulso a este tipo de educación vino de los foros políticos y económicos internacionales, como el de Naciones Unidas.

Conforme se discutía y formulaba el concepto de Desarrollo Sostenible se hizo patente que la educación es la pieza clave para la sostenibilidad.

En muchos países, la Educación para el Desarrollo Sostenible sigue siendo realizada por personas que están fuera de la comunidad educativa. En estos casos, las Secretarías o Ministerios como los de medio ambiente son quienes desarrollan los conceptos y contenidos relacionados con la Educación para el Desarrollo Sostenible.

5.1. La paradoja de la Educación para el Desarrollo Sostenible

Dos de las principales cuestiones en el diálogo internacional sobre el Desarrollo Sostenible son la población y el consumo de recursos.

La tendencia general que ha sido observada con relación a estas dos cuestiones, es que el aumento de la población y el uso de los recursos ponen en peligro la existencia de un futuro sostenible, y que la educación se relaciona tanto con la fertilidad (relaciona directamente con el crecimiento de la población) como con el consumo de recursos. Tal es así que podemos afirmar que educando a las mujeres se reducen las tasas de fertilidad y, por tanto, el crecimiento demográfico. Al reducir sus tasas de fertilidad y la amenaza de una sobreexplotación, un país dado también facilita su avance hacia la sostenibilidad.

La paradoja en la Educación para el Desarrollo Sostenible la encontramos en que al contrario que sucede en lo comentado anteriormente, en las sociedades con mayor educación, con mayores ingresos, se consumen mayores niveles de recursos que las sociedades con menores índices de educación. En este caso, podemos afirmar que la educación aumenta las amenazas contra la sostenibilidad.

Desafortunadamente, los países con mayores de niveles de educación dejan las huellas ecológicas más profundas, es decir, tienen las mayores tasas de consumo per cápita.

El objetivo de la Educación para el Desarrollo Sostenible es elevar los niveles de educación sin crear una demanda cada vez mayor de recursos y bienes de consumo y la consecuente producción de contaminantes. Alcanzar este reto, depende de que los planes de educación se orienten hacia planes de estudio que aborden la necesidad de una producción y patrones de consumo más sostenibles.

La relación entre la Educación y el Desarrollo Sostenible es compleja. En general, los estudios muestran que la educación básica es clave para la capacidad de un país para desarrollar y lograr metas de sostenibilidad. Por ejemplo, la educación puede mejorar la productividad agrícola, dar a las mujeres un mejor estatus, reducir las tasas de crecimiento poblacional, mejorar la protección ambiental, y en general aumentar el estándar de vida.

No obstante, se necesita una sutil combinación de educación superior, investigación y un aprendizaje de por vida para que un país se transforme en una economía basada en las pautas de la sostenibilidad.

La educación afecta a los planes de sostenibilidad en los siguientes aspectos:

Implantación del Modelo

Una población educada es vital para la implantación de un Desarrollo Sostenible. De hecho, un plan nacional de sostenibilidad puede mejorarse o limitarse por el nivel de educación que tengan los ciudadanos.

Los países con altos niveles de analfabetismo y una fuerza laboral no cualificada tienen menos opciones de desarrollo. En su mayoría, estos países se ven obligados a comprar energía y bienes manufacturados en el mercado internacional necesitando monedas fuertes. Para adquirir estas monedas fuertes, estos países necesitan del comercio internacional, que por lo general, genera la explotación de recursos naturales o la conversión de tierras de agricultura familiar de autosuficiencia en agricultura comercial.

Toma de decisiones

Las opciones de desarrollo, especialmente las opciones de desarrollo "más verde", aumentan conforme aumenta la educación. Por ejemplo, una comunidad con abundante mano de obra cualificada y técnicamente capacitada puede ser el factor clave para que una empresa tome la decisión de crear nuevos mercados en esa zona.

Calidad de vida

La educación también es fundamental para mejorar la calidad de vida. La educación eleva el estatus económico de las familias, mejora las condiciones de vida, reduce la mortalidad infantil, incrementa aprovechamiento educativo de la siguiente generación, etc., aspectos todos ellos esenciales para el logro del Desarrollo Sostenible.

Debido a que a Educación para el Desarrollo Sostenible es un proceso que dura toda la vida, los sectores de educación formal, no formal e informal deben trabajar juntos para lograr las metas de la sostenibilidad.

Importante

La educación es una herramienta esencial para el logro del desarrollo sostenible.

5.2. Concepto de educación para el Desarrollo Sostenible

La educación y la sostenibilidad poseen una relación algo enrevesada, aunque, eso no influye para afirmar con certeza que la educación es la clave central para la sostenibilidad.

Todos los programas de Desarrollo Sostenible que incluyan educación deberán tomar en consideración las condiciones ambientales, económicas y sociales existentes en cada área determinada. Como resultado, la Educación para el Desarrollo Sostenible tendrá formas diferentes en todo el mundo.

La Educación para el Desarrollo Sostenible fue descrita por primera vez en el **Capítulo 36 del Programa 21 de Río.** Dicho capítulo identificó cuatro principales impulsos para iniciar el trabajo de este tipo de educación:

1. Mejorar la educación básica.
2. Reorientar la educación existente para abordar el Desarrollo Sostenible.
3. Desarrollar el entendimiento y conciencia pública.
4. Ofrecer capacitación.

Mejorar la educación básica

La primera prioridad de la Educación para el Desarrollo Sostenible es la promoción de la educación básica. El contenido y los años de educación básica difieren considerablemente en todo el mundo. En algunos países, por ejemplo, la educación primaria se considera educación básica. En otros, la educación básica obliga a cursar de entre 6 a 8 años.

El simple hecho de incrementar la educación básica, en la forma que actualmente se enseña en la mayoría de los países, nos ayudará a progresar hacia sociedades sostenibles.

De hecho, si las comunidades y países esperan identificar metas de sostenibilidad y trabajar para lograrlas, deberán enfocarse en las habilidades, valores y perspectivas que incentivan y apoyan la participación pública y la toma de decisiones por parte de la comunidad. Para ello, la educación básica debe ser orientada para abordar la sostenibilidad y expandirla para incluir habilidades de pensamiento crítico, habilidades para organizar e interpretar información y datos, habilidades para formular preguntas y la capacidad de analizar los problemas a los que se enfrentan las comunidades.

En muchos países el nivel de educación básica es demasiado bajo, obstaculizando severamente los planes nacionales para un futuro sostenible. Concretamente, en las regiones o comunidades más pobres es dónde a menudo se encuentra la calidad más baja en educación.

El impacto que tiene el tener poca educación o educación de baja calidad limita severamente las opciones disponibles para que un país desarrolle sus planes de sostenibilidad a corto y largo plazo.

Reorientar la educación existente

Una educación básica adecuadamente reorientada incluye más principios, habilidades, perspectivas y valores relacionados con la sostenibilidad que los que actualmente se incluyen en la mayoría de los sistemas educativos. Por tanto, no solo es cuestión de cantidad de educación, sino también que sea realmente adecuada y relevante.

La Educación para el Desarrollo Sostenible debe integrar al medio ambiente, la economía y la sociedad. Reorientar la educación para abordar al Desarrollo Sostenible es algo que debe ocurrir en todo el sistema educativo formal.

Entendimiento y conciencia del público

La sostenibilidad requiere que la población sea consciente de las metas de una sociedad sostenible, y que posea los conocimientos y habilidades para contribuir con esas metas. Una sociedad informada, que apoya las buenas políticas e iniciativas gubernamentales puede ayudar, en gran medida, a implementar medidas sostenibles.

La experiencia de años ha demostrado que una ciudadanía consciente e informada de las decisiones y programas sobre Desarrollo Sostenible puede ayudar a lograr las metas de estos programas, sin embargo, un público desinformado puede llevarlo al fracaso absoluto.

Capacitación

El Desarrollo Sostenible requiere de una población formada y con conciencia ambiental, así como de una fuerza laboral que ayude a guiar a los países en la implantación de sus planes de sostenibilidad.

Todos los sectores, incluyendo a la empresa, industria, educación superior, ONG, etc., deben capacitar a sus líderes en el manejo ambiental y en ofrecer formación a sus trabajadores.

La capacitación difiere de la educación, pues la capacitación a menudo es específica a un puesto o tipo de trabajo en particular. Por ejemplo, un programa de capacitación puede enseñar a un trabajador a gestionar los residuos peligrosos de la manera correcta.

La capacitación informa sobre prácticas y procedimientos aceptados y proporciona las habilidades específicas para desempeñar tareas específicas, mientras que la educación es un proceso de transformación social que proporciona conocimientos, habilidades, perspectivas y valores que permiten participar y contribuir a su propio bienestar y el de su comunidad.

5.3. Componentes de la Educación para el Desarrollo Sostenible

La Educación para el Desarrollo Sostenible es más que una base de conocimiento relacionada con el medio ambiente, la economía y la sociedad. También tiene que ver con el aprendizaje de habilidades, perspectivas y valores que guían y motivan los comportamientos ciudadanos.

Los siguientes componentes han de ser incluidos en cualquier programa académico formal que vaya orientado hacia la sostenibilidad.

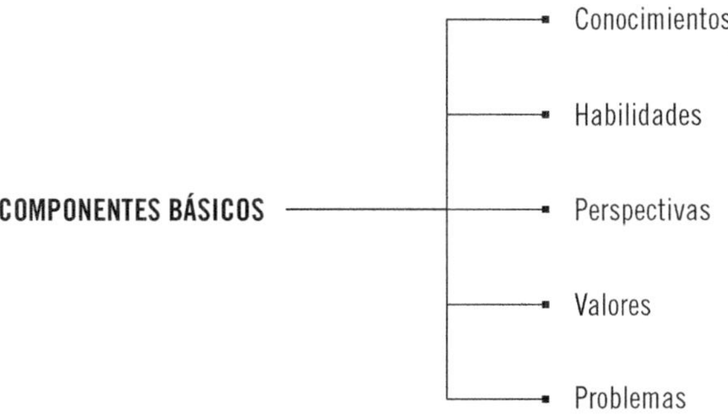

Conocimiento

El Desarrollo Sostenible abarca al medio ambiente, la economía y la sociedad. Por tanto, necesita conocimientos básicos de las ciencias naturales, ciencias sociales y humanidades para ser aplicado correctamente.

El reto de las sociedades es crear programas académicos con los conocimientos necesarios que permitan lograr sus metas de sostenibilidad.

Habilidades

La Educación para el Desarrollo Sostenible debe proporcionar las habilidades prácticas que les permita seguir aprendiendo día a día.

Estas habilidades deben recaer en una o más de las tres áreas del Desarrollo Sostenible (medio ambiente, economía, social).

Algunos de estas habilidades están relacionadas con:

- La capacidad de pensar en el tiempo (hacer predicciones, pensar por anticipado, etc.).
- La capacidad de trabajar de manera cooperativa con otras personas.
- La capacidad de ir de la conciencia al conocimiento de la acción.
- La capacidad de pensar críticamente acerca, de la cuestiones de valor, etc.

Perspectivas

La Educación para el Desarrollo Sostenible conlleva perspectivas para entender los temas globales, así como los temas locales con dimensión global.

La capacidad de considerar un tema desde la perspectiva de varios frentes es esencial para el Desarrollo Sostenible, ya que este entendimiento es vital para crear el ambiente de cooperación que mantiene al Desarrollo Sostenible.

Valores

Los valores son también una parte integral de la Educación para el Desarrollo Sostenible.

Comprender los valores es una parte esencial de entender la visión propia del mundo y las perspectivas de otras personas. Entender los propios valores, los valores de la sociedad en que se vive, y los valores de otras personas en el mundo es una parte fundamental de la educación para un futuro sostenible.

Dos técnicas comunes, la clarificación de valores y el análisis de valores, resultan útiles para el componente de valores de la Educación para el Desarrollo Sostenible.

Problemas

La Educación para el Desarrollo Sostenible se enfoca en gran parte en los principales problemas sociales, económicos y ambientales que amenazan la sostenibilidad del planeta. Muchos de estos problemas clave se identificaron durante la Cumbre de la Tierra en Río de Janeiro y se incluyen en el

Programa 21. Comprender y abordar estos problemas es un elemento central de esta educación, y los problemas que son relevantes localmente deberían de incluirse en cualquier programa relacionado con la educación en materia de sostenibilidad.

	Medio ambiente	ECONOMÍA	SOCIEDAD
	Ciclo hidrológico	**Oferta y demanda**	**Conflicto**
Conocimiento	Protección y uso del agua dulce Gestión de residuos peligrosos	Lucha contra la pobreza	Patrones de consumo cambiantes
Habilidades	La capacidad de adquirir, manejar y analizar información	La capacidad de identificar componentes de contabilidad costosos	La capacidad de pensar críticamente acerca de temas de valor
Perspectivas	La relación e interrelación entre las cuestiones ambientales globales contemporáneas	Ver más allá de las fronteras locales y nacionales	Atributos universales del ser humano
Valores	Valor ecológico de los suelos no degradados	Valor de una manera sostenible de ganarse la vida	Competencia entre el valor económico, valor religioso y valor social

5.4. Década de la Educación para el Desarrollo Sostenible

La Cumbre Mundial para el Desarrollo Sostenible que se celebró en **Johannesburgo en el año 2002** reafirmó que la educación era la base del desarrollo y reiteró el compromiso enunciado en el capítulo 36 de la Agenda 21 de Río (1992), subrayando los lazos existentes entre los Objetivos de Desarrollo del Milenio sobre la enseñanza primaria universal y el Marco de Acción de Dakar para establecer como un objetivo común para la totalidad de los movimientos educativos el tomar la educación como cimiento del Desarrollo Sostenible, orientando en ese sentido las distintas corrientes de pensamiento y acción en el ámbito educativo.

En cumplimiento de esa recomendación, la Asamblea General de las Naciones Unidas adoptó por unanimidad, el 20 de diciembre de 2002, una resolución que proclamó el **decenio 2004-2015 como Década de la Educación para el Desarrollo Sostenible.**

Se pretende que este decenio represente una oportunidad para hacer progresar todos los recursos humanos, de la educación y la formación, en la dirección de un futuro viable.

Los *objetivos de la Década* afirman:

La necesidad de integrar el Desarrollo Sostenible dentro de los sistemas educativos, a todos los niveles, con el fin de que la educación pueda ser un agente para el cambio.

La Década propone que la educación se promueva como base para sociedades humanas sostenibles y para estrechar la cooperación internacional a través de un amplio despliegue de directrices, programas y prácticas innovadoras en esta dirección.

La UNESCO es la organización encargada de llevar a cabo la promoción de la Década. Para ello, deberá coordinar esta iniciativa con otras dos grandes propuestas en el campo educativo: la **Educación para Todos** y el **Decenio de las Naciones Unidas para la Alfabetización.**

Evidentemente, existe un punto en común entre las tres recomendaciones: todas ellas se adhieren a los Objetivos de Desarrollo para el Milenio, y las tres ponen a la educación en el centro del desarrollo. Al mismo tiempo, los problemas que sacan a relucir tienen también mucho en común: la reducción de la pobreza, la igualdad de género, los derechos humanos, la biodiversidad,... De manera que estos llamamientos educativos de refuerzan entre sí.

En los documentos de la UNESCO sobre la Década puede leerse que:

No existe un modelo universal de Educación para el Desarrollo Sostenible.

Al tiempo que se llama la atención sobre algunos problemas a los que se debería atender desde este enfoque: la agricultura, los problemas de los pequeños estados insulares, la pérdida y deterioro de hábitats, el sida, las cuestiones de género, la pobreza, etc.

Podemos deducir que se trata de un llamamiento generalizado a todas las situaciones (para la salud, para la coordinación internacional, para el consumo responsable...) y que lo que plantea es una meta común a todas ellas: la de un futuro viable o, lo que es lo mismo, la sostenibilidad de las sociedades humanas sobre la Tierra.

Este carácter omnicomprensivo de la Educación para el Desarrollo Sostenible y el mismo modo en que establece sus metas en campos tan variados como la agricultura, la enfermedad, la erradicación de la pobreza o la igualdad entre géneros, le confieren la condición de propuesta transversal generalizada, así como, de intento de introducir los problemas del desarrollo en todos los ámbitos.

La educación holística de la Educación para el Desarrollo Sostenible es, por tanto, la que hace de ella una convocatoria nueva, pero no un programa educativo nuevo, precisamente porque, al abarcarlo todo, no puede sino estimular a las distintas corrientes educativas (educación para la paz, educación intercultural, para la igualdad de géneros, para el medio ambiente...) con el fin de que introduzcan o refuercen los contenidos que hacen referencia a los problemas de desarrollo que vive la humanidad y fomenten esa deseable sostenibilidad de nuestras sociedades. Lo que se enfatiza es la necesidad de integrar estas cuestiones en los distintos niveles y movimientos educativos para estimular "el papel de la educación como agente de cambio".

El proyecto de Plan de Aplicación Internacional del Decenio del Consejo Educativo de la UNESCO señala que:

> *La Educación para el Desarrollo Sostenible debe compartir las características de toda experiencia docente de alta calidad.*

El conjunto de los objetivos pedagógicos del Desarrollo Sostenible es muy amplio. El Desarrollo Sostenible debe incorporarse a otras asignaturas y, debido a su amplitud, no puede enseñarse como una asignatura independiente.

De esta amplitud dan cuenta las 15 perspectivas estratégicas que, según este documento, deben conformar la educación y el aprendizaje con miras al Desarrollo Sostenible, y que por tanto, sería positivo abordar en el intento de alcanzar la sostenibilidad:

- **Perspectivas socioculturales,** que son las siguientes:
    - Derechos humanos.
    - Paz y seguridad humana.
    - Igualdad entre los sexos.
    - Diversidad cultural y entendimiento cultural.
    - Salud.
    - SIDA.
    - Gobernabilidad.
- **Perspectivas ambientales,** se consideran las que se enumeran a continuación:
    - Recursos naturales.
    - Cambio climático.
    - Desarrollo rural.
    - Urbanización sostenible.
    - Prevención y mitigación de catástrofes.
- **Perspectivas económicas,** que son las siguientes:
    - Reducción de la pobreza.
    - Responsabilidad y rendición de cuentas a las empresas.
    - Economía de mercado.

Parece claro que no puede existir ninguna corriente educativa específica que trate todas estas perspectivas a la vez, y que, consecuentemente, la meta de una Educación para el Desarrollo Sostenible alcanza a todas las corrientes educativas que en este momento trabajan en las sociedades humanas, desde los que tratan de educar acerca del sida, hasta los que educan sobre catástrofes naturales, sobre los derechos humanos o el medio ambiente.

El llamamiento hecho por Naciones Unidas al establecer la Década supone, sin duda, un estímulo para los educadores de todos los ámbitos, sectores y niveles, con el fin de que, en cualquier tiempo y lugar, el desarrollo y la sostenibilidad sean referentes de los programas de enseñanza-aprendizaje.

Recuerde

El decenio 2004-2015 fue denominado la Década de la Educación para el Desarrollo Sostenible.

Ejercicios de repaso y autoevaluación

1. El marco de razonamiento para comprender y evaluar el Desarrollo Sostenible debe tener en cuenta la...

a. ... capacidad de carga del planeta.
b. ... capacidad de acogida de los gobiernos.
c. ... tasa de renovación de los recursos renovables.
d. ... tasa de asimilación de los ciudadanos.

2. El Desarrollo Sostenible implicará en la mayoría de los casos, un crecimiento económico de las áreas menos favorecidas del planeta:

☐ Verdadero
☐ Falso

3. El Desarrollo Sostenible se sustenta en la sostenibilidad...

a. ... social.
b. ... ambiental.
c. ... económica.
d. Todas las opciones son correctas.

4. La valorización de los residuos industriales es un indicador...

a. ... de sostenibilidad local.
b. ... de crecimiento económico.
c. ... característico de las empresas.
d. ... cualitativo.

5. La Educación para el Desarrollo Sostenible debe abarcar conocimientos relacionados con...

a. ... sensibilización ambiental y social.
b. ... economía del medio ambiente.
c. ... medio ambiente, economía y sociedad.
d. ... los procesos biológicos de los ecosistemas.

Unidad Didáctica 5

Instrumentos del desarrollo sostenible

Contenido

1. La Agenda 2021

1.1. Origen de la Agenda 21

La creación de la Agenda 21 se debe a la filosofía de trabajo en la que se sustenta el Desarrollo Sostenible, ya que este instrumento permite desarrollar los mecanismos de evaluación y estrategias de intervención comprometidas con la economía, la sociedad y el medio ambiente que exige cualquier modelo de Desarrollo Sostenible.

La Agenda 21 es la herramienta utilizada para la consecución de los objetivos del Desarrollo Sostenible, de ahí que se haya convertido en uno de los principales instrumentos de gestión e intervención a favor del Desarrollo Sostenible.

El origen de los procesos de Agenda 21 se encuentra en la ***Cumbre de Río de Janeiro* celebrada en 1992,** dónde el compromiso de promover el Desarrollo Sostenible quedó plasmado en cuatro documentos: ***La Declaración de Principios*, El *Convenio Marco sobre el Cambio Climático*, el *Convenio sobre la Biodiversidad* y el *Programa* o *Agenda 21.***

Durante esta cumbre se tomó conciencia de que la mayor parte de los impactos ambientales tenían su origen en los medios urbanos y que su solución solo sería posible con modificaciones en los comportamientos individuales de cada uno de los ciudadanos del planeta. Llegando a la conclusión de que la mejora ambiental solo sería alcanzable actuando desde los ámbitos locales en los que la cercanía de las administraciones con los ciudadanos y el sentimiento de comunidad facilitara la modificación de dichos comportamientos.

Concienciados y sensibilizados con ello, dos años después de la Conferencia de Río, se reunieron en Aalborg, Dinamarca, los representantes legales de 80 municipios europeos en lo que fue la I Conferencia de Ciudades Sostenibles. En esta conferencia se aprobó la denominada ***Carta de Aalborg.*** Esta carta desarrolla tanto la filosofía como las bases metodológicas. La filosofía se sustenta en dos componentes básicos: la integración de los principios de sostenibilidad en las políticas locales y las necesidades básicas de la población (salud, empleo, vivienda) con la protección ambiental, mejorando la calidad de vida en lugar de aumentar meramente el nivel de consumo.

Como hemos comentado anteriormente, en esta carta también se incluyeron unas bases metodológicas a tener en cuenta en los procesos de desarrollo de la Agenda 21 Local. Estas bases establecen las siguientes directrices para la creación de Agenda 21 Locales:

- La colaboración de las autoridades locales con todos los sectores de su comunidad en la concepción y aplicación de los Planes de Acción.
- La educación en materia de sostenibilidad, de la ciudadanía en general, de los representantes políticos y de sus funcionarios locales.
- La fundamentación de decisiones y controles ambientales en indicadores.
- La garantía, para todos los ciudadanos, del acceso a la información.
- La difusión de experiencias.

Posteriormente a la Conferencia de Aalborg, se celebró en **Lisboa** la ***II Conferencia de Ciudades Sostenibles,*** que reunió a un millar de representantes locales y regionales de toda Europa. En esta conferencia se aprobó el denominado ***Plan de Lisboa,*** cuyo objetivo era convertir los objetivos establecidos en la Carta de Aalborg en procesos reales, es decir, con este plan se pretendía pasar de papel a la acción.

Los contenidos más novedosos del Plan de Lisboa pueden resumir en cinco principios:

- Liderazgo de las Administraciones locales en los procesos de Agenda 21, participando activamente en ellos sin dominarlos.
- Integración de las autoridades locales en asociaciones y redes, con especial atención a los municipios circundantes.
- Fomento de la participación ciudadana, con objeto de alcanzar el consenso sobre los contenidos del Plan de Acción.
- Seguimiento de una metodología de:

  a. Acuerdo sobre la filosofía a seguir.
  b. Establecimiento de problemas, causas y efectos.

c. Determinación y priorización de objetivos.
d. Diseño de programas para alcanzarlos.
e. Puesta en práctica y evaluación.

- Integración de la mejora ambiental y desarrollo social con la viabilidad ambiental de la actividad económica.

A la Conferencia de Lisboa le siguieron otras, como las celebradas en Turku (1998), Sofía (1998), Sevilla (1999) y La Haya (1999), en las que se atendió la necesidad de reforzar las estructuras participativas en el desarrollo de las Agendas 21 Locales a escala regional.

La III Conferencia Europea de Ciudades Sostenibles se celebró en Hannover en el año 2000, la IV tuvo lugar en junio de 2004, en Aalborg, denominándose **Aalborg + 10.** El principal fruto de esta cuarta conferencia fue los denominados **Compromisos de Aalborg,** destinados a revitalizar y renovar las Agendas 21 Locales.

Los Compromisos abarcaban cuestiones ya conocidas, como son la necesidad de no exportar los problemas ambientales a otros territorios o generaciones futuras, y reflejan los diez temas de la Conferencia:

- **Preservación de los recursos naturales,** reduciendo el consumo de energía primaria a favor de las fuentes renovables, asegurando la calidad del agua y consumiéndola de manera más eficiente, incrementando la biodiversidad y aumentando y mejorando áreas protegidas y espacios verdes, promoviendo la agricultura y explotación forestal sostenibles, mejorando la calidad del aire y finalmente, garantizando el acceso igualitario a los recursos. Ulteriores documentos de Naciones Unidas han subrayado la necesidad de que estos procesos locales desemboquen en la reducción del consumo de recursos, no tratándose de aminorar el bienestar de la población, sino, simplemente, de no derrocharlos.
- **Consumo responsable,** incrementando reutilización y reciclaje.

En todas las ciudades europeas se ha incrementado el número de contenedores específicos para fomentar el reciclaje de residuos urbanos entre la población.

- **Desarrollo de un Plan de Movilidad Urbana Sostenible,** que reduzca la necesidad de desplazarse en vehículo motorizado privado y promueva medios de transportes colectivos y sostenibles.
- **Planificación y diseño urbano,** regenerando áreas desfavorecidas, realizando los desarrollos sobre áreas no forestales en lugar de verdes, conservando el patrimonio cultural, y aplicando criterios de arquitectura de calidad.
- **Economía local viable,** que apoye el empleo local y el surgimiento de empresas sin dañar el medio ambiente, que consiga mercados para los productos locales, y desarrolle un turismo sostenible.
- **Igualdad y justicia social,** previniendo y aliviando la pobreza, asegurando el acceso igualitario a los servicios públicos, la educación, el empleo, la información, las actividades culturales y la vivienda de calidad, y fortaleciendo la integración social, la igualdad de género y la seguridad.
- **Gobernabilidad,** recoge el compromiso de incrementar la democracia participativa y cooperar con otras Administraciones locales.
- **Gestión local hacia la sostenibilidad,** aplicando el principio de precaución.
- **Acción local para la salud y el bienestar,** reduciendo desigualdades.
- **De lo local a lo global,** desarrollando programas para mitigar el cambio climático y la emisión de gases de efecto invernadero mediante la intervención en áreas como energía, transporte, agricultura y espacios forestales.

En el año 2007 se celebró la V Conferencia Europea de Ciudades y Pueblos Sostenibles en Sevilla. Tres años más tarde, la VI conferencia transcurrió en

Dunkerque (Francia) reunió a 1.500 líderes de los gobiernos locales y regionales europeos. La VII Conferencia llevada a cabo se produjo entre los días 17 y 19 abril de 2013, en Ginebra (Suiza), la cual fue denominada: *"Una economía socialmente responsable: ¿La solución en tiempo de crisis?"* La VIII conferencia se produjo en el País Vasco, entre el 27 y 29 de abril de 2016, en la que se adoptó la **Declaración Vasca** para alcanzar una Europa más sostenible y productiva.

La IX conferencia, se realizó en la ciudad de Mannheim (Alemania), del 30 de septiembre al 2 de octubre de 2020. Entre sus temas a tratar, el Pacto Verde Europeo, estaba incluido como herramienta para convertirse en un motor de cambio para Europa y para hacer frente a los desafíos que plantea el cambio climático.

Por otra parte, diez años después de Río, tuvo lugar la celebración de la Cumbre Mundial de Desarrollo Sostenible celebrada en Johannesburgo, conocida como Río + 10. Esta conferencia se convirtió en el nuevo escenario de debate y evaluación de los logros conseguidos a nivel mundial.

De la conferencia en Johannesburgo nace la denominada **Declaración de Gauteng,** en la que se hace un nuevo llamamiento al compromiso de los gobiernos regionales y locales en el desarrollo de estrategias de Desarrollo Sostenible e implementación de la Agendas 21. Para ello se apoya en la creación de una red global para compartir información y experiencias de Desarrollo Sostenible a nivel regional.

Para esa época 600 pueblos y municipios de 113 países diferentes habían iniciado ya el proceso de implantación de la Agenda 21.

Los llamamientos internacionales, la prolífica declaración de intenciones y apuestas de los gobiernos locales y regionales a favor del Desarrollo Sostenible a los que hemos hecho referencia anteriormente, se vieron reforzadas por la tardía redacción de otros tipos de documentos, de ámbito comunitario y estatal, las conocidas Estrategias de Desarrollo Sostenible.

En el caso de España, el proyecto de **Estrategia Española de Desarrollo Sostenible (EDDS)** fue presentado por el Gobierno en junio de 2000, en el que se comprometía a impulsar un nuevo modelo de integración y equilibrio del progreso económico, desarrollo social y protección ambiental a largo plazo. Grupos ecologistas y otros colectivos no solo criticaron la innecesaria fastuosidad del acto de presentación del proyecto, sino que pusieron en duda la bondad del documento, por ser contradictorio con el modelo de crecimiento sostenido promovido desde la Administración central y por coincidir con la aprobación de uno de los proyectos más irracionales e insostenibles de la democracia española, como fue el Plan Hidrológico Nacional.

Como réplica, en un ambicioso documento confeccionado a principios de 2002 por las organizaciones WWF/Adena, SEO/BirdLife, Greenpeace y Ecologistas en Acción, se propusieron un total de 225 medidas concretas de Desarrollo Sostenible alternativas al proyecto oficial.

En 2012 se celebró la Conferencia de las Naciones Unidas sobre el Desarrollo Sostenible, también denominada "Rio+20", en Río de Janeiro, Brasil, veinte años después de la histórica Cumbre de la Tierra en Río en 1992.

El documento final aprobado se denominó: "El futuro que queremos", el cual se centra en cómo construir una economía ecológica para lograr el desarrollo sostenible y sacar a la gente de la pobreza, y cómo mejorar la coordinación internacional para el desarrollo sostenible.

Sabía que...

En España en el año 2010, había un total de 2.706 municipios con la Agenda Local 21 implantada.

1.2. Características de la Agenda 21

La Agenda 21 es un programa desarrollado a nivel global para aplicarlo a nivel local que trata cuestiones económicas, sociales y culturales, así como las relativas a la protección del medio ambiente.

Es un proceso de asociación de trabajo entre ciudadanos, sectores de la comunidad local y la Administración municipal para realizar planes de acción orientados a alcanzar a largo plazo un Desarrollo Sostenible en el municipio.

La **Agenda 21 Local** promueve una forma de gestionar el municipio de manera flexible e integrada, en la cual los procesos de toma de decisiones integren de forma gradual las cuestiones económicas, sociales y ambientales, en un proceso económicamente eficiente, socialmente equitativo y responsable y ecológicamente racional.

La Agenda 21 es un documento que se desarrolla en cuatro secciones conformado en **40 capítulos,** referidos a:

1. Las dimensiones sociales y económicas.
2. La conservación y la gestión de los recursos para el desarrollo.
3. El papel de los principales grupos ciudadanos.
4. Los medios de ejecución.

La Agenda 21 contempla más de **100 ámbitos de actividad y 3.000 recomendaciones.** Trata sectores clave como la agricultura, la industria y la ordenación urbana; una serie de prioridades ambientales tales como la conservación de la biodiversidad, la protección de los océanos y los mares, el cambio climático, los residuos peligrosos, las sustancias químicas tóxicas y el agua, así como una serie de temas fundamentales como la transferencia de tecnologías, la pobreza, la población y el comercio.

De los capítulos con mayor relevancia de la Agencia 21 podemos destacar el **capítulo 8,** que señala que los gobiernos habrán de efectuar un examen nacional para mejorar los procesos de adopción de decisiones de una manera tal, que se logre la integración gradual de las cuestiones económicas, sociales y del medio ambiente en un proceso económicamente eficiente, socialmente equitativo y responsable y ecológicamente racional.

El documento de la Agenda 21 presenta las siguientes características:

- Pretende involucrar a los habitantes del municipio en el que se implanta el diseño de una forma de vida que pueda ser sostenible, tal y como explicamos en unidades didácticas anteriores, persiguiendo la calidad de las generaciones futuras.
- Ambiciona la integración social, ambiental y económica de la comunidad. De este modo los grupos deben colaborar con el resto de grupos a efectos participativos para intentar implantar la Agenda 21.
- Requiere que la Administración Local y la comunidad trabajen en los Planes de Acción para alcanzar el Desarrollo Sostenible y duradero. Estos planes deben estar acordes a los contenidos de la Carta de Aalborg y a la Carta de Lisboa o, el Llamamiento de Hannover.

La Agenda 21 se debe inspirar en los siguientes principios:

- Integración de los objetivos de Desarrollo Sostenible en la Administración local, sus políticas y actividades de gestión.
- Sensibilización y educación de la población en temas ambientales y Desarrollo Sostenible.
- Acceso público a la información ambiental.
- Participación de la población.
- Colaboración con empresas, ONG, ciudades hermanas, etc.
- Medición, seguimiento y presentación de informes sobre los avances hacia la sostenibilidad.

Marco de actuación de la Agenda 21

Las actuaciones prioritarias de la Agenda 21 se plantean en siete grandes apartados, tal y como vamos a detallar a continuación:

- En un primer apartado la Agenda menciona el objetivo de un mundo próspero, que pretende revitalizar el desarrollo rural y local mediante unos criterios sostenibles.
- En un segundo apartado, la Agenda plantea la necesidad de conseguir un mundo justo, es decir, una vida sostenible tanto en el ámbito ambiental como social, económico y político.
- En un tercer apartado, la Agenda propone alcanzar un mundo habitable. Lo importante de este mundo es aumentar los núcleos de población especialmente en las zonas rurales.
- En un cuarto apartado de la Agenda se menciona el concepto de un "mundo fértil". Para conseguirlo es necesario dar un uso eficiente a los recursos naturales.
- El quinto apartado propone un "mundo compartido", este concepto está relacionado tanto con los recursos globales como con los regionales.
- En un sexto apartado se menciona el concepto de un mundo limpio, este mundo debe tratar de mejorar la gestión de los productos químicos y los residuos.

Por último, la Agenda habla de un mundo en el que exista la participación y responsabilidad de las personas.

Objetivos de la Agenda 21

El objetivo central de una Agenda 21 es contribuir desde el ámbito local a la solución de los problemas ambientales, mejorando, desde el punto de vista ambiental, la calidad de vida disfrutada por la población del municipio.

Para alcanzar este objetivo, la Agendas 21 tienen un componente formativo o educativo, tanto de la ciudadanía en general como de los representantes (políticos o técnicos) de la Administración local.

La Agenda 21 pretende convertirse en un instrumento de sensibilización ciudadana basado en los principios de democracia, transparencia, participación ciudadana y responsabilidad compartida.

Aunque cada municipio establezca unos objetivos para su Agenda 21 acordes con su situación, de forma genérica todas deben, al menos, perseguir los citados a continuación:

- Desarrollar actuaciones en materia de sensibilización y educación ambiental que transmitan al ciudadano los principios de sostenibilidad que deben regir sus actuaciones.
- Fomentar la participación ciudadana en la toma de decisiones y en la definición de estrategias de actuación, que permitan alcanzar el Desarrollo Sostenible del municipio.
- Facilitar el acceso a fuentes de financiación y subvenciones europeas.
- Reforzar la capacidad del municipio en la prevención y solución de problemas ambientales.
- Hacer del municipio un ejemplar de prácticas respetuosas con el medio ambiente.

Beneficios de la Agenda 21

La Agenda 21 implica la aplicación de los criterios de sostenibilidad en la gestión local, favoreciendo así el mantenimiento de un bien colectivo y de carácter como es el medio ambiente.

Los beneficios asociados son múltiples, pudiendo destacarse los siguientes:

- **Estratégicos:** la adecuación del municipio a los criterios de sostenibilidad conduce a una mejora de la calidad de vida, y el acceso preferente a líneas de financiación europeas, además del prestigio y reconocimiento a nivel internacional.
- **Operativos:** la participación ciudadana en el proceso de elaboración del Plan de Acción Ambiental motiva un mayor dinamismo en la ejecución del mismo.

- **Alcance social:** mayor protagonismo tanto de las autoridades locales, del personal técnico municipal, de los agentes económicos y sociales implicados y de la ciudadanía del municipio.
- **Imagen del municipio:** de forma indirecta, al fomentar una economía local sostenible y obtener una mejora en la calidad de vida de los ciudadanos, se consigue una buena imagen del municipio.
- **Corresponsabilidad:** con la adhesión del municipio a la Carta de Aalborg se incurre en el compromiso de trabajar a favor de la Sostenibilidad Local y, por tanto, de la Sostenibilidad Global.

1.3. Elaboración de una Agenda 21

Existen diferentes metodologías para la elaboración e implantación de una Agenda 21 Local, pero todas ellas requieren de la motivación, voluntad y compromiso político de manera previa a la implicación del resto de actores en la gestión del territorio.

Entre esas diversas metodologías podemos destacar a las siguientes:

Guía Europea para la Planificación de la Agenda 21 Local

Esta guía es elaborada por el **Consejo Internacional para las Iniciativas Ambientales Locales (ICLEI),** con el fin de establecer una metodología sistemática de acción, teniendo en cuenta que cada comunidad es única.

Código de Buenas Prácticas Ambientales

La **Federación Española de Municipios y Provincias, FEMP,** con el objeto de establecer unas pautas de actuación en materia de gestión ambiental que sirviera como guía a los entes locales, ha elaborado un Código de Buenas Prácticas Ambientales para la normalización de la gestión ambiental en los ayuntamientos de España, que recoge, además, una serie de iniciativas y experiencias.

Modelo DEYNA de Agenda 21 Local

La **Fundación para el Desarrollo y la Naturaleza, DEYNA,** bajo la tutela de las administraciones locales y con la participación de los diferentes grupos sociales de las localidades, ha elaborado un Modelo DEYNA de Agenda 21 Local centrada principalmente en la vertiente social de la empresa.

Independientemente del modelo que se utilice para la implantación de una Agenda Local 21 las pautas comunes a todos ellos son:

- Acordar la filosofía de trabajo.
- Firmar la Carta de Aalborg.
- Identificar problemas y causas.
- Crear un foro de participación ciudadana.
- Plan de Acción.
- Evaluar y retroalimentar.

Desarrollando cada una de estas pautas, nos encontramos que la implantación de una Agenda Local 21 responde a una serie de fases en las que se desarrollan las siguientes acciones:

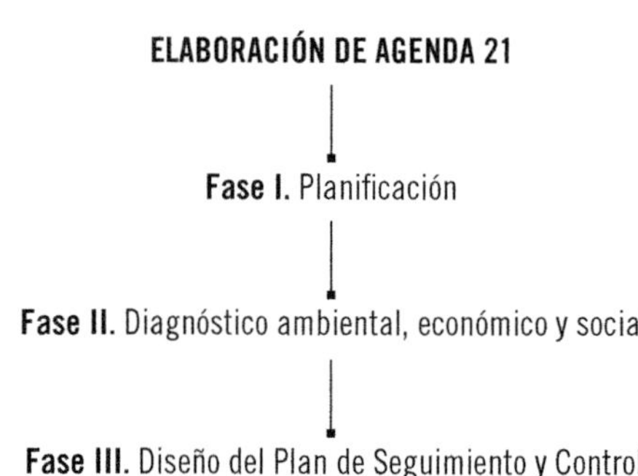

Fase previa: Motivación y compromiso municipal

El objetivo de esta fase es lograr la implicación y motivación tanto de los responsables del gobierno local como de los técnicos municipales.

Fase I: Planificación

El objetivo de esta fase es impulsar desde la dirección del ayuntamiento el Proyecto de Agenda 21, implicando y motivando al equipo de gobierno municipal y principalmente a sus máximos responsables. Así como, dar a conocer el contenido técnico y las implicaciones de un proceso como la Agenda 21 a los representantes políticos y equipo municipal (técnico y personal municipal).

Durante esta fase, además, se definirá el equipo de trabajo y se determinarán las acciones de Comunicación.

Fase II: Diagnóstico ambiental, económico y social

En esta fase se lleva a cabo un análisis global e integrado del municipio a nivel ambiental, económico y social, que sintetiza el estado ambiental del territorio e indica las pautas de la política ambiental orientada hacia el Desarrollo Sostenible. Para ello se lleva a cabo una caracterización o análisis previo de los aspectos ambientales, económicos y sociales del municipio que posteriormente serán objeto de un análisis estratégico.

Esta fase abarca principalmente dos ámbitos: el físico (abarcando la totalidad del municipio en cuestión) y el socioeconómico (abarcando al implicación, directa y/o indirecta de las administraciones, agentes económicos, sociales y ambientales internos y externos del municipio, los cuales puedan intervenir en el proceso).

En el análisis de los aspectos ambientales, económicos y sociales del municipio se deben estudiar aquellos factores que sirvan para diferenciar las características propias del territorio y que de forma agrupada cubran el conocimiento de la totalidad del territorio local. Estos factores se pueden establecer en tres grupos:

- Factores ambientales: paisaje, vegetación, fauna, planificación territorial, medio urbano, demografía, movilidad y transporte, agua, residuos, atmósfera, ruido, energía, suelos.
- Factores socioeconómicos: índices de ocupación y actividades económicas.
- Factores organizativos del municipio: estructura funcional del medio ambiente municipal.

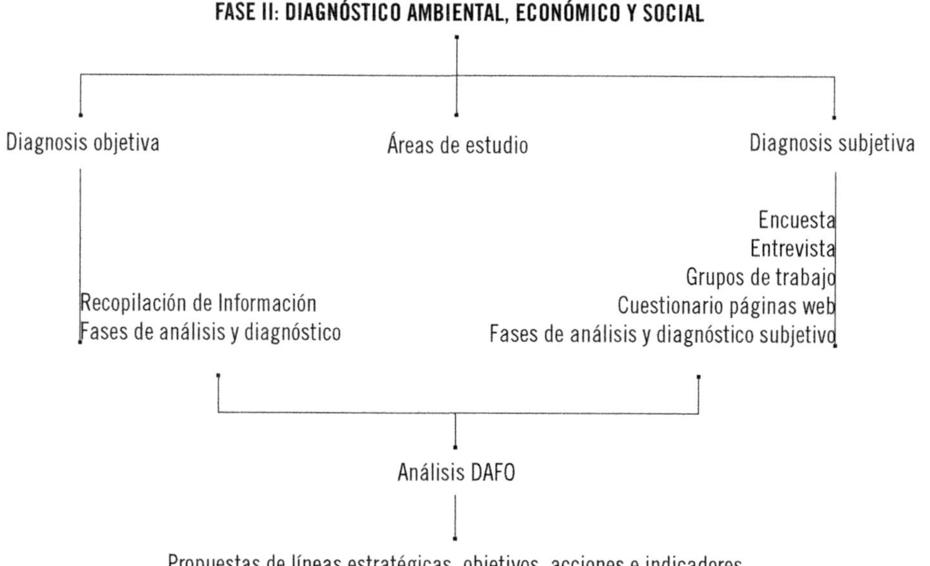

Fase III: Diseño del Plan de Acción Ambiental

Durante esta fase como conclusión del diagnóstico elaborado en la Fase II, se proponen unas líneas estratégicas y objetivos de sostenibilidad para la mejora de la situación ambiental, económica y social del municipio que permitirán que este se aproxime a los objetivos de Desarrollo Sostenible.

Es en el Plan de Acción Ambiental, donde se concretan los programas de actuación definidos para lograr un Desarrollo Sostenible y se seleccionan indicadores que permitan valorar objetivamente el estado del medio ambiente y evaluar su evolución en el tiempo.

Fase IV: Ejecución del Plan de Acción Ambiental

Se ejecutan las actuaciones definidas en el Plan de Acción Ambiental.

Fase V: Seguimiento y control

En esta fase se realiza una revisión periódica de los indicadores de sostenibilidad que permita el ajuste permanente de las actuaciones planteadas en función de los resultados obtenidos.

El proceso de toma de decisiones en la redacción de una Agenda 21 Local se ajusta a las recomendaciones del Plan de Acción de Lisboa, iniciándose con la definición de la filosofía en la que se van a encuadrar los análisis y propuestas. Dicha filosofía debe basarse en los criterios de sostenibilidad, tal y cómo se recoge en los diferentes documentos descritos desde la Carta hasta los Compromisos de Aalborg, así como en otras fuentes de referencia, singularmente el Libro Verde sobre medio ambiente Urbano.

La filosofía incluiría también un modelo territorial, que sería el tipo de municipio al que se desea llegar mediante el proceso de Agenda. A partir de ahí, se trataría de identificar los problemas que afectan al territorio, priorizándolos por orden de importancia, y especificando sus causas. Lógicamente, los problemas identificados deben acompañarse de diversas opciones de actuación destinadas a paliarlos o remediarlos.

Nota

La fase decisiva de una Agenda 21 Local es la ejecución del Plan de Acción.

Principales temáticas abordadas en una Agenda Local 21

En cualquier Agenda Local 21 se deben tratar, al menos, los siguientes aspectos para conseguir los objetivos establecidos en el Desarrollo Sostenible:

Gestión del agua

La Agenda 21 debe de promover una cultura del agua basada en la utilización racional, mediante instrumentos económicos y normativos adecuados y una mayor concienciación pública. Así como, el desarrollo de alternativas a su gestión como la desalación, la recarga artificial de aguas subterráneas, el aprovechamiento de aguas residuales y su reutilización, etc.

Protección atmosférica

La Agenda 21 debe promover la protección atmosférica mediante el empleo de prácticas correctas, utilización de tecnologías adecuadas ya existentes o bien, a desarrollar.

Conservación y uso sostenible de la biodiversidad

La estrategia para la conservación y uso sostenible de la Biodiversidad en una Agenda 21 debe estar redactada en consonancia con las pautas establecidas en el convenio sobre la diversidad biológica, tomando siempre en cuenta las características del municipio.

Ordenación y conservación de las masas forestales

La ordenación sostenible de los ecosistemas forestales, prestando especial atención a la satisfacción de las necesidades humanas en materia de bienes y servicios forestales, es un punto indispensable en cualquier Agenda 21.

Esta ordenación ha de plantearse teniendo en cuenta la multiplicidad de uso y funciones de los recursos forestales, así como la necesaria compatibilidad entre ellos.

Conservación de paisajes

Para ello, la Agenda 21, debe utilizar las políticas específicas relacionadas con los importantes valores que contienen los paisajes.

Planificación del territorio y protección del suelo

La formulación de políticas territoriales públicas y el control de las actividades públicas y privadas que tengan en cuentan factores ambientales, sociales, demográficas y económicas que tiendan progresivamente a cohesionar todo el territorio bajo un plan global de ordenación, es un objetivo esencial para cualquier Agenda 21.

Agricultura y ganadería sostenible

La Agenda 21 debe proponer medidas que eviten la pérdida de renta de los pequeños agricultores y ganaderos, así como el despoblamiento rural, la promoción de nuevas técnicas que eviten la pérdida de suelo fértil.

Conservación de costas y aprovechamiento sostenible de los recursos marinos vivos

En una Agenda 21 debe promoverse la coordinación y cooperación entre los diferentes organismos de pesca regionales y locales (en los municipios que se van afectados por este recurso), a fin de evaluar e inventariar los recursos potenciales del mar. Recogiendo, además, las estrategias necesarias para la gestión y conservación de las zonas costeras, respetando los procesos naturales de dinámica litoral y los hábitats marinos.

Consumo y producción de energía

Para el ansiado Desarrollo Sostenible, la Agenda 21 debe promover el uso de sistemas energéticos ambientalmente sostenibles, además de la disminución de la producción de energía a partir de combustibles fósiles, en especial carbón y derivados del petróleo, renunciando al uso de la energía nuclear.

Cada vez son más las ciudades que apuestan por desarrollar un transporte urbano más ecológico como por ejemplo con los autobuses urbanos propulsados por hidrógeno o gas natural.

Desarrollo industrial

La Agenda 21 debe incentivar y proponer medidas orientadas a la reducción de la contaminación y la generación de residuos originados por los sectores industriales, conjugando las prioridades socioeconómicas y ambientales.

Gestión racional de los residuos

La Agenda 21 debe abogar por la adopción de métodos de producción menos contaminantes para el medio ambiente, eliminando prácticas como la incineración, por la inversión en técnicas de prevención orientadas hacia la reducción al mínimo de los residuos, con la siguiente jerarquía de actuaciones: reducción, reutilización y reciclado de los residuos industriales.

Desarrollo rural

La promoción de la investigación social y económica como base para la formulación de políticas que fomenten un sector agrario sostenible y el establecimiento de sistemas para el intercambio de información sobre diferentes formas de explotación agraria, es otro aspecto clave a desarrollar por las Agendas 21.

Participación ciudadana y Educación Ambiental

La Agenda 21 debe promover la difusión, mediante campañas, sobre los procesos y dinámicas ambientales y su relación con las actividades y realidades sociales en el contexto local, regional y global.

El consumo responsable y el Desarrollo Sostenible en la educación de la enseñanza reglada, así como en los procesos de formación continua, es de vital importancia.

Por tanto, las áreas temáticas de estudio de cualquier Agenda 21 son:

- Residuos.
- Energía.
- Urbanismo y planificación.
- Movilidad y transporte.
- Medio natural.
- Educación.
- Información y participación.
- Socioeconomía.
- Política ambiental.
- Salud ambiental.

ÁREAS DE ESTUDIO	
TEMÁTICA	**ASPECTOS**
Agua	- Abastecimiento y suministro - Consumo - Saneamiento
Contaminación atmosférica, acústica y lumínica	- Contaminación atmosférica y calidad del aire
Residuos y limpieza viaria	- Infraestructuras de tratamiento y gestión - Gestión residuos urbanos - Residuos agrícolas y ganaderos - Residuos industriales - Residuos sanitarios - Limpieza viaria
Energía	- Infraestructuras energéticas - Consumo de energía
Movilidad y transporte	- Accesibilidad al término - Transporte público - Movilidad
Medio natural	- Paisaje - Espacios protegidos - Fauna y flora
Urbanismo	- Patrimonio histórico - Planificación territorial - Vivienda - Equipamientos y servicios - Accesibilidad y barreras arquitectónicas - Zonas verdes
Educación para la sostenibilidad	- Educación ambiental - Programas y actividades
Información y participación ciudadana	- Acceso a la Información y participación ciudadana - Asociacionismo
Socioeconomía	- Población - Actividades económicas - Servicios sociales
Política ambiental ciudadana	- Legislación local - Procesos de Gestión Medioambiental
Salud y riesgos ambientales	- Planes de emergencia y protección civil - Riesgos ambientales

2. La Agenda 2030

La Agenda 2030 para el Desarrollo Sostenible es un plan de acción global adoptado por la Asamblea General de las Naciones Unidas el 25 de septiembre de 2015. Dentro de la resolución A/RES/70/1 y derivada de los Objetivos del Milenio que, de una forma u otra, trataron de implementarse entre 2000 y 2015.

Representa un compromiso internacional, de hecho, ha sido consensuada por mayor número de países, para erradicar la pobreza, proteger el planeta y garantizar la prosperidad para todas las personas, basándose en los criterios de desarrollo sostenible, con un horizonte temporal fijado en el año 2030.

Objetivos de desarrollo sostenible

La Agenda 2030, basada en estos ODM (objetivos del milenio) da un gran paso adelante en la consecución de estas mejoras ambientales y sociales y desarrolla una serie de objetivos con metas diferenciadas e indicadores para cada uno de ellos.

OBJETIVOS DE DESARROLLO SOSTENIBLE

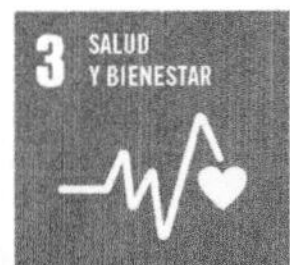

Objetivos de desarrollo sostenible

Dado que los ODS desarrollan los 3 elementos necesarios e interdependientes de la sostenibilidad, podemos diferenciarlos según sus componentes más importantes:

Ambiental:

- ODS 6 – Agua limpia y saneamiento
- ODS 7 – Energía asequible y no contaminante
- ODS 12 – Producción y consumo responsables
- ODS 13 – Acción por el clima
- ODS 14 – Vida submarina
- ODS 15 – Vida de ecosistemas terrestres

Social:

- ODS 1 – Fin de la pobreza
- ODS 2 – Hambre cero
- ODS 3 – Salud y bienestar
- ODS 4 – Educación de calidad
- ODS 5 – Igualdad de género
- ODS 10 – Reducción de las desigualdades
- ODS 11 – Ciudades y comunidades sostenibles
- ODS 16 – Paz, justicia e instituciones sólidas

Económico:

- ODS 8 – Trabajo decente y crecimiento económico
- ODS 9 – Industria, innovación e infraestructura
- ODS 17 – Alianzas para lograr los objetivos

Los ODS, en definitiva, la **nueva Agenda 2030,** denominada así porque marca como horizonte de revisión, progreso y consecución de los objetivos para el año 2030, es pues, una evolución de los ODM que podemos resumir en la siguiente tabla:

Criterio	Objetivos de Desarrollo del Milenio (ODM)	Objetivos de Desarrollo Sostenible (ODS)
Vigencia	2000 - 2015	2015 - 2030
Número de objetivos	8 objetivos	17 objetivos
Ámbito	Principalmente países en vías de desarrollo	Universal: todos los países (desarrollados y en vías de desarrollo)
Enfoque principal	Reducir de la pobreza extrema y mejorar salud y educación	Desarrollo sostenible: economía, sociedad y medio ambiente integrados.
Participación	Naciones Unidas. Participación ciudadana escasa.	Participación: gobiernos, sociedad civil, sector privado, etc.
Objetivos clave	- Erradicar la pobreza extrema y el hambre - Conseguir enseñanza primaria universal - Promover la igualdad de género - Disminuir mortalidad infantil - Salud materna - Combatir y erradicar enfermedades como la malaria. - Sostenibilidad ambiental - Fomentar una alianza mundial para el desarrollo	- Fin de la pobreza - Hambre cero - Salud y bienestar - Educación de calidad - Igualdad de género - Agua limpia y saneamiento - Energía asequible y no contaminante - Trabajo decente y crecimiento económico - Industria, innovación e infraestructura - Reducción de desigualdades - Ciudades y comunidades sostenibles - Producción y consumo responsables - Acción por el clima - Vida submarina - Vida de ecosistemas terrestres - Paz, justicia e instituciones sólidas - Alianzas para lograr los objetivos
Medición del progreso	Indicadores limitados y más agregados	Sistema de indicadores (232) y detallados
Énfasis ambiental	Menor relevancia	El componente ambiental y de sostenibilidad ecológica es fundamental.

De estas características que diferencian la actual etapa de la anterior podemos determinar que:

- Los objetivos se convierten en algo globalizado ya que lo firman 193 países, dependiendo de la participación internacional para conseguirlos, y cada uno se hace responsable de establecer medios para conseguir sus metas.
- La colaboración público-privada se hace indispensable. En este sentido, herramientas como las normativas en materia de sostenibilidad (en sus diferentes ámbitos), las normas voluntarias de gestión ambiental como **ISO 14001** o **EMAS,** y las bonificaciones fiscales se convierten en algo muy importante en su consecución.
- Supone una **declaración política** ya que implementa la visión y los principios de sostenibilidad en el resto de cuestiones, es decir la sostenibilidad se convierte en algo transversal. Cuestiones como la equidad de género o las variables ambientales deben ser incluidas en planes y programas.
- Los 17 ODS se desarrollan en 169 metas diferenciadas de forma que se cubren los **3 pilares de la sostenibilidad,** el ambiental, el social y el económico. Se entiende que uno no puede ir en detrimento de otro, sino que están conectados y dependen entre sí. Por ejemplo, no podemos decir que hay un desarrollo económico en una determinada región si con el aumento del PIB hay un aumento de las tasas de pobreza, desigualdad o degradación ambiental.
- Establece métodos para implementarse a escala global, persiguiendo alianzas entre instituciones públicas y privadas, instando a que la tecnología se utilice a nivel internacional de forma cooperativa. Por ejemplo, el desarrollo tecnológico en energía renovable y su implementación a escala internacional (ODS 17).
- Debe haber una evaluación y seguimiento de los logros conseguidos a partir de los indicadores que deben se fiables y medibles, estando determinados previamente para todos.

En definitiva, la Agenda 2030 y sus objetivos tienen las siguientes características:

- Suponen un enfoque integrado entre economía, medio ambiente y sociedad.

- Sigue siendo muy importante la erradicación de la pobreza e infiere en que el desarrollo económico debe ir ligado a ello dando oportunidades globales.
- La **equidad de género (ODS 5)** se convierte en algo transversal, dando importancia al papel de la mujer en el desarrollo económico y social, especialmente en países en vías de desarrollo.
- Tiene en cuenta la situación de países en conflicto y post conflicto ya que requieren de actuaciones especiales en materia de derechos humanos.
- Vincula el cambio climático como uno de los grandes retos de nuestro tiempo (ODS 13), incorporando los **Acuerdos de París** en legislaciones de muchos países.

Sabía que...

El Pacto Verde Europeo, procede de los compromisos adquiridos por la UE en los Acuerdos de París, y marca como objetivo la Neutralidad en Carbono para 2050.

3. La huella ecológica

El término de **huella ecológica** está cada día más popularizado, por eso resulta conveniente definirlo y explicarlo.

En algunos puntos de este texto hemos hablado de la huella ecológica como un indicador de sostenibilidad más, pero debido a su importancia y relación directa con el Desarrollo Sostenible es importante profundizar más en su estudio.

La huella ecológica analiza la sostenibilidad de las acciones humanas, utilizando los datos científicos más fiables para ello. Para estudiar este concepto se utilizan datos que permitan contabilizar el impacto originado por el uso de los recursos naturales en los sectores económico, ambiental y de seguridad.

La huella ecológica se establece como vínculo cuantitativo entre las repercusiones ambientales y las formas de vida. El hecho de tenerla en cuenta ha propiciado algunos cambios de comportamiento en actividades como el transporte y el consumo energético.

Desde la perspectiva ambiental, la huella ecológica es la señal o deterioro que generan sobre los ecosistemas del planeta las demandas de recursos naturales de los habitantes, así como también el acúmulo de los desechos (residuos, contaminación, etc.).

Recuerde

La huella ecológica es un indicador del impacto ambiental, generado por la demanda humana que se hace de los recursos existentes en los ecosistemas del planeta, relacionándola con la capacidad ecológica de la Tierra de regenerar sus recursos.

El concepto de huella ecológica fue acuñado por **Mathis Wackernagel** y sus colaboradores en un estudio para el Consejo de la Tierra en 1997. Estos estudiaron cuánto terreno sería necesario para suministrar los recursos naturales consumidos por la población de algunos países y para absorber sus residuos.

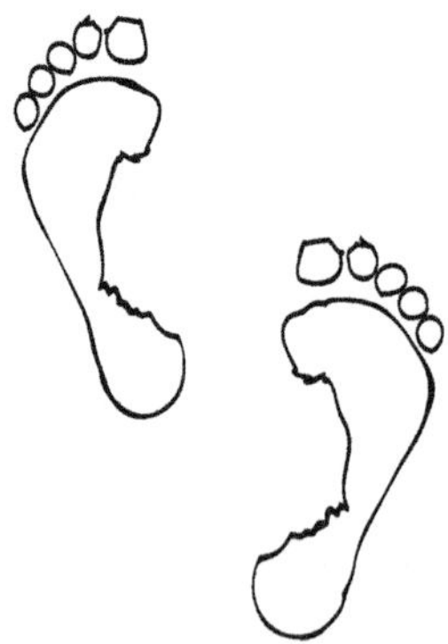

Más tarde, esta expresión fue aceptada por el Fondo Mundial para la Naturaleza (WWF) que, desde entonces, viene publicándose periódicamente datos sobre la huella ecológica de más de 150 países.

Los diferentes análisis de la huella ecológica miden lo que necesita una economía de la naturaleza, es decir, los insumos que requieren su desarrollo y los desechos derivados del mismo. Para ello, se utiliza una medida única, el número de hectáreas mundiales de tierras y de aguas que permite a los analistas comparar las cargas ecológicas generadas por distintas economías.

Este análisis muestra si un país está viviendo dentro de sus límites ecológicos, comparando su huella ecológica con su **biocapacidad** (su superficie total de tierras biológicamente productivas). Cuando la huella ecológica de una nación supera su biocapacidad, significa que su economía está consumiendo más bosques, más tierras de cultivo, más agua, etc., es decir, más recursos de los que su propio territorio puede suministrar, y está exigiendo demasiado de la capacidad global de absorción de residuos de nuestro sistema de vida.

Estados Unidos, Europa, Japón, India y China viven muy por encima de lo que les permiten sus medios ecológicos, con huellas que van desde el 200 por ciento en términos generales a casi el 600 por ciento (en el caso de Japón) de su biocapacidad nacional.

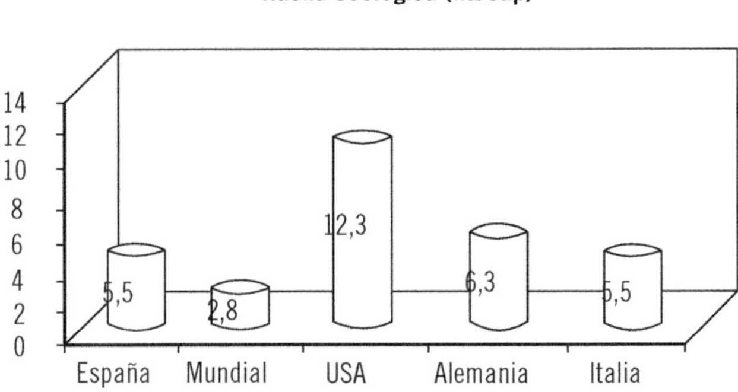

Para estimar la huella ecológica a escala menores, se toma en cuenta la superficie necesaria para producir los recursos que consume un ciudadano medio o una determinada comunidad, así como también la que se requeriría para absorber los residuos que generan.

Las estimaciones generalizadas permiten reconocer la impronta negativa de las grandes ciudades sobre el resto del territorio, el modo en que sus formas de vida comprometen físicamente a las periferias rurales y a las zonas boscosas.

El problema nos lo encontramos de la mano de una realidad obvia: la Tierra es finita. De modo que, si un habitante de un país industrializado o de una gran ciudad "ocupa" un territorio mayor que el que le corresponde, alguien en otro lugar tendrá que "ocupar" menos, lo que significa que nuestros modelos de desarrollo están sustentados sobre el subdesarrollo de otras áreas del planeta.

Nuestro planeta tiene aproximadamente una cuarta parte de su superficie productiva (unos 12.600 millones de hectáreas, incluidas áreas marinas y tierra firme). Si aceptamos una reserva del 10 por ciento de esta superficie para los demás seres vivos, nos quedarían 11340 millones de hectáreas disponibles para los seres humanos. Dividiendo esa cifra entre los habitantes del planeta, veríamos que a cada uno le corresponden aproximadamente 1,7 hectáreas.

Pero cuando se hacen estimaciones por naciones, se observan enormes diferencias: mientras que un habitante de Bangladesh traza una huella ecológica de 0,5 hectáreas, la de un ciudadano estadounidense medio es de 9,6 hectáreas. Lo que implica que si todos los habitantes de la Tierra consumiésemos como lo hace un estadounidense, por ejemplo, necesitaríamos al menos tres planetas como el nuestro para obtener recursos energéticos y materiales.

Sabía que...

El país con mayor huella ecológica es Emiratos Árabes, seguido de Estados Unidos y Kuwait.

3.1. La huella ecológica de España

Los cálculos estimados para España indican que, si asignáramos a cada ciudadano de nuestro país, con criterios igualitarios, su parte correspondiente a la capacidad ecológica nacional (en términos de productividad media mundial) **a cada individuo le corresponderían 2,5 hectáreas** para abastecerse y absorber sus residuos. Sin embargo, el consumo realizado por estas mismas personas y la absorción de sus residuos exige en términos territoriales 6,4 hectáreas por habitante. Por tanto, nuestro estilo de vida arroja un déficit ecológico de casi 4 hectáreas por habitante.

Esta superficie, que duplica la capacidad disponible del territorio nacional per cápita, se está ocupando, tanto en países de nuestro entorno de los que importamos bienes, como en regiones del Tercer Mundo que nos abastecen de combustibles fósiles, minerales, alimento para el ganado o madera.

Por tanto, de los resultados obtenidos del cálculo de la huella ecológica y su posterior análisis se deduce que, "si todos los habitantes del mundo quisieran vivir como el ciudadano español medio harían falta los recursos naturales de dos planetas para poder soportarlo".

La huella ecológica por ciudades

El problema es especialmente grave al hablar de las ciudades, las grandes depredadoras de recursos y productoras de residuos.

Los cálculos realizados estiman que, por ejemplo, Londres utiliza una superficie exterior para su mantenimiento 125 veces superior a su región de referencia, solo para cubrir sus necesidades de alimentos y productoras forestales y para cubrir sus emisiones de contaminantes. Esto significa que su huella ecológica equivale al 94 % de la superficie productiva de Gran Bretaña o, lo que es lo mismo, al 81,5 % de la superficie total de Gran Bretaña. Otras huellas estimadas abundan en esta dirección: 145 veces en el caso de la ciudad de Múnich y hasta 287 para Toronto.

En España, las ciudades con mayor Huella ecológica respecto a su superficie son Bilbao, Cádiz, Pamplona, Barcelona, Santander, A Coruña que necesitarían 80 veces su superficie para mantenerse (datos del Observatorio de Sostenibilidad en España).

La huella ecológica, como no podía ser de otro modo, además de ser un indicador de sostenibilidad, es un fenómeno con repercusiones planetarias. Así por ejemplo, en solo cuatro años se han perdido más del 11 por ciento de las áreas cubiertas por bosques a nivel mundial y, de las 17 zonas de pesca conocidas en el mundo, 9 se han agotado.

En este último caso, la multiplicación de la flota pesquera, especialmente en Europa y Japón, y la tecnología desarrollada, que utiliza información de los satélites y redes de arrastre de una extensión equivalente a ocho campos de fútbol, han sido las principales causas de la sobreexplotación de los recursos marinos. Al mismo tiempo, la extracción petrolera, minera..., los megaproyectos relacionados con la energía, todo ello implica destrucción de recursos, contaminación ambiental y frecuentemente afecta a la salud de las personas, dando lugar a desplazamientos de las gentes del campo a las ciudades, generando procesos de destrucción de las culturas y de sus fuentes de sustento.

Presas como la de las Tres Gargantas en China (Río Yangtsé) ha supuesto la expropiación y el desplazamiento de más de un millón de depauperados campesinos chinos, ha sumergido bajo sus aguas 13 ciudades, 140 pueblos y 1352 villas, y creado un lago artificial de más de 600 km. de largo. Los grupos ecologistas llevan años denunciando sus devastadores impactos ambientales.

Sabía que...

Las ciudades españolas que tienen una menor huella ecológica son: Cáceres, Cuenca, Badajoz, Albacete, Jaén, Teruel y Córdoba.

3.2. La perspectiva social de la huella ecológica

Desde la perspectiva social, la huella ecológica trazada por el Norte es, según se nos recuerda desde el Sur, una deuda ecológica que los países industrializados han contraído a lo largo del tiempo con los del resto del planeta, por la utilización masiva de recursos forestales, mineros y, en general, de su biodiversidad, así como por la ocupación de su espacio ambiental con residuos. También, la huella ecológica representa la deuda social en referencia a todo el trabajo mal pagado que se ha obtenido de sus gentes. Esta deuda nace de un desigual intercambio históricamente desarrollado, mediante el cual el nivel de vida del Norte se ha ido asentando en el inmenso flujo a su favor de bienes naturales, en la utilización de espacios del propio Sur, y en los daños ambientales que se han producido en estos territorios para la extracción de recursos y el depósito de desechos:

- Uso de las tierras de cultivo (que daban al Sur autosuficiencia alimentaria) para monocultivos de productos que el Norte demandaba (algodón, cacao...).
- Agotamiento de recursos no renovables en sus territorios (petróleo, minerales...) para preservar los recursos existentes en el Norte.
- Destrucción de sus bosques, de sus bienes marinos, a una velocidad imposible de compensar con los mecanismos de renovación naturales.
- Ocupación gratuita o muy barata de su espacio ambiental con residuos.
- Explotación de mano de obra barata.
- Desarticulación de muchas culturas campesinas y de formas de vida originarias. Migraciones forzadas por el hambre, del campo a la ciudad y a otros países.

La deuda social incluye también la reclamación del Sur al Norte por la apropiación intelectual, histórica y actual, de sus conocimientos ancestrales sobre todo aquellos relacionados con la mejora de las semillas, uso de plantas medicinales y otros conocimientos que en la actualidad son utilizados intensivamente (con frecuencia patentados) por la biotecnología y la agroindustria que gestionan las empresas de esas prácticas.

Otro caso notable es el de los residuos eléctricos y electrónicos. En los últimos años, entre un 50 y un 70 % de los aparatos eléctricos y electrónicos en desuso en los EE. UU. fueron enviados hacia China, India y Pakistán, para ser reciclados. En estos contextos, se tratan en condiciones muy peligrosas para la salud humana: incineración al aire libre, vertidos incontrolados en áreas rurales... Pero según un estudio de la Agencia de Protección Ambiental de EE. UU., es diez veces más barato enviar un viejo ordenador a Asia para que se recicle allí que reciclarlo en suelo norteamericano, y eso es lo que se tiene en cuenta.

En otro caso, para el cultivo del camarón para exportación, se han talado en Ecuador el 70 por ciento de las extensiones de manglar, afectando a las comunidades que vivían de él, a la pesca y a la protección de las orillas. Sin embargo, Ecuador sigue siendo un país pobre que ha sacrificado su medio ambiente y sigue sin salir del subdesarrollo.

3.3. Metodología para el cálculo de la huella ecológica

La metodología del cálculo la huella ecológica establecida por **Wackernagel y Rees** se basa en la determinación de la superficie necesaria para satisfacer los consumos asociados a:

- La alimentación (cultivos, pastos, mar).
- Los productos forestales (bosque).
- El gasto energético (consumo energético directo de la población y el necesario para la elaboración de bienes de consumo).
- La ocupación del terreno.

Estas superficies vienen expresadas en términos de hectáreas globales per cápita (gha/cap), es decir, en hectáreas de superficie biológicamente productiva con una productividad igual a la media mundial. Esto permite establecer comparaciones entre países, regiones, etc.

El cálculo de la huella ecológica se basa en cinco supuestos básicos:

- Es posible contabilizar la mayor parte de los bienes consumidos y de los residuos generados.
- Los flujos de recursos y residuos se pueden transformar en la superficie biológicamente productiva necesaria para mantener esos flujos. Se omite en el cálculo de la huella aquellos flujos que no pueden contabilizarse en superficie.
- Se debe ponderar las áreas obtenidas en relación con su productividad, obteniendo superficies estandarizadas, denominadas hectáreas globales, que representan superficies con productividad media mundial.
- Dado que estas superficies representan usos excluyentes entre sí, y que cada hectárea normalizada representa la misma productividad, estas superficies se pueden agregar obteniendo una demanda total humana.
- El aporte de la naturaleza de superficie bioproductiva puede expresarse de igual forma en hectáreas globales de superficie biológicamente productiva.

El consumo de un país, región o municipio, se calcula sumando las importaciones a la producción nacional y restando las exportaciones. En términos matemáticos:

$$\text{Consumo Aparente} = \text{Producción} + \text{Importaciones} - \text{Exportaciones}$$

Este saldo se calcula para 72 categorías, tales como cereales, madera, harina de pescado, carbón y algodón. Dichos usos de recursos se traducen en unidades de superficie, dividiendo la cantidad total consumida en cada categoría entre su productividad o rendimiento ecológico. En el caso de las emisiones de dióxido de carbono, se divide el total entre la capacidad de asimilación de los bosques.

Las superficies consideradas para el cálculo de la huella ecológica son:

- **Cultivos:** superficies con actividad agrícola y que constituyen la tierra productivamente ecológicamente hablando pues es donde hay una mayor producción neta de biomasa utilizable por las comunidades humanas.
- **Pastos:** espacios utilizados para el pastoreo de ganado, y en general considerablemente menos productiva que la agrícola.
- **Bosques:** superficies forestales ya sean naturales o repobladas, pero siempre que se encuentren en explotación.
- **Mar productivo:** superficies marinas en las que existe una producción biológica mínima para que pueda ser aprovechada por la sociedad humana.
- **Terreno construido:** considera las áreas urbanizadas u ocupadas por infraestructuras.
- **Áreas de absorción de CO_2:** superficies de bosque necesarias para la absorción de las emisiones de CO_2, debidas al consumo de combustibles fósiles necesarios para la producción de la energía consumida tanto directa como indirectamente (energía contenida en los bienes consumidos).

Una vez estimado el valor de la huella ecológica, los autores de la metodología calculan las superficies reales de cada tipología de terreno productivo (cultivos, pastos, bosques, mar y terreno urbanizado) disponibles en el ámbito de estudio específico.

La metodología original de Rees y Wackernagel considera la propuesta de reservar un 12 % de la superficie del territorio para la preservación de la biodiversidad. La suma de todos ellos es la capacidad de carga local y está expresada en hectáreas por habitante.

La comparación entre los valores de la huella ecológica y la capacidad de carga local permite conocer el nivel de autosuficiencia del ámbito de estudio. Si el valor de la huella ecológica está por encima de la capacidad de carga local, la región presenta un déficit ecológico, con lo que el ámbito de estudio estaría consumiendo una cantidad de recursos superior al *stock* disponible, apropiándose de recursos de otras regiones o utilizando recursos de generaciones venideras. La fórmula para el cálculo del balance ecológico es:

Déficit ecológico = Huella ecológica – Capacidad de carga

Si por el contrario, la capacidad de carga es igual o mayor a la huella ecológica, la región es autosuficiente, teniendo superávit ecológico.

El cálculo de la huella ecológica presenta algunas dificultades ya que resulta imposible computar todos los bienes de consumo por falta de flujos de energía y materiales, la extrapolación a unidades de superficie es muy complicada, existen procesos como el agujero de la capa de ozono o la lluvia ácida muy difíciles de contabilizar, y los valores de productividad son medias mundiales, sin tener en cuenta diferencias regionales. Todo esto conlleva que el dato obtenido suele ser un valor subestimado.

Ejercicios de repaso y autoevaluación

1. El Programa o Agenda 21 es un...

a. ... compromiso de obligado cumplimiento para todos los municipios.
b. ... programa donde se establecen las pautas a seguir por los municipios para alcanzar la viabilidad económica en su gestión.
c. ... instrumento utilizado para la consecución de los objetivos del Desarrollo Sostenible.
d. ... programa utilizado por las autoridades públicas para manifestar su compromiso con el medio ambiente.

2. La Agenda 21 de cualquier municipio o localidad ha de estar inspirada en la...

a. ... participación de la población.
b. ... integración de los objetivos del desarrollo sostenible en la administración local.
c. ... educación de la población en temas ambientales.
d. Todas las opciones son correctas.

3. ¿Cuál de las siguientes opciones NO se corresponde con los objetivos que persigue la Agenda 21?

a. Conseguir un municipio ejemplar en relación a las prácticas respetuosas con el medio ambiente.
b. Desarrollar actuaciones en materia ambiental para transmitir al ciudadano los principios de sostenibilidad.
c. Crear puestos de trabajo relacionados con el medio ambiente.
d. Facilitar el acceso a las fuentes de financiación y subvenciones.

4. Según las estimaciones realizadas, a cada habitante del planeta le corresponde una huella ecológica de:

a. 1,7 ha.
b. 0,5 ha.
c. 3,5 ha.
d. 8,1 ha.

5. **Cuando el valor de la huella ecológica está por encima de la capacidad ecológica, se dice que en ese país, municipio ciudad existe...**

    a. ... una demanda de superficie productiva.
    b. ... un déficit ecológico.
    c. ... un excedente de residuos.
    d. ... un superávit de producción.

Unidad Didáctica 6

Herramientas para el desarrollo sostenible en empresas

Contenido

1. Sistemas de Gestión Ambiental
2. El etiquetado ecológico
3. El *marketing* ecológico

1. Sistemas de Gestión Ambiental

Uno de los objetivos fundamentales en la gestión ambiental de las empresas es alcanzar la sostenibilidad de su gestión y funcionamiento de manera que les permita desarrollar su actividad sin generar degradación ambiental, al mismo tiempo que mejoran la calidad de vida de la población. No obstante, ninguna empresa abogará por este tipo de gestión sino consigue algún tipo de beneficio (económico, corporativo, de imagen...) o al menos, no le ocasione pérdidas o situaciones de desventaja frente a sus competidores.

Las empresas que abogan por el Desarrollo Sostenible en su gestión son empresas que buscan la eficiencia y la innovación basada en el factor ambiental y que desean sacar partido de mercado a la inversión realizada. Estas son empresas que desde la perspectiva ambiental no se conforman con el cumplimiento de la normativa ambiental sino que, son empresas que van más allá en su gestión, buscando la excelencia ambiental.

Como principales alternativas para la gestión sostenible en las empresas podemos citar:

- Sistemas de Gestión Ambiental.
- El etiquetado ecológico.
- El *marketing* ecológico.

Los Sistemas de Gestión Ambiental conforman unas de las herramientas de gestión ambiental más utilizada y manejada por organizaciones de todo tipo para alcanzar el Desarrollo Sostenible de su funcionamiento.

Por lo tanto podemos definir un **Sistema de Gestión Ambiental** como una manera sistemática y proactiva de manejar los aspectos ambientales de una organización con la idea de prevenir impactos ambientales sobre el entorno y la comunidad, y detectar y capturar oportunidades de ahorro en el uso de recursos y energía y en el manejo de los recursos naturales.

En un Sistema de Gestión Ambiental, los miembros de una organización, dedican parte de su jornada a descubrir y ejecutar métodos para reducir la generación de residuos contaminantes, reutilizar y reciclar restos de materias primas, elegir materias primas y definir procesos productivos más eficientes, y a administrar sistemas de tratamiento y disposición final de residuos acorde a las normativas vigentes.

Todo Sistema de Gestión Ambiental funciona siguiendo un ciclo dinámico que conlleva la consecución de la Mejora Continua.

La implantación de Sistemas de Gestión Ambiental en las empresas no solo produce beneficios para la consecución del Desarrollo Sostenible sino que también aporta beneficios específicos a las empresas, como los siguientes:

- **Beneficios sobre la gestión empresarial,** se consideran los siguientes:
  - Integra en la gestión global de la organización la gestión ambiental como cualquier área de la empresa.
  - Incentiva el aumento de la creatividad y participación de todo el personal integrante de la organización y logra que aumente la motivación de los trabajadores, lo que favorece un buen ambiente de trabajo.
  - Sirve como complemento a otros sistemas de gestión, como el de calidad o de seguridad.
- **Beneficios legales,** como beneficios derivados obtenemos los siguientes:
  - Minimiza los riesgos de incumplimiento de la normativa vigente y de posibles daños al medio ambiente, por lo que evita sanciones, demandas, etc.
  - Facilita el cumplimiento de las obligaciones en materia legal y su mantenimiento actualizado.
  - Evita posibles litigios por competencia desleal.
- **Beneficios sobre la producción,** entre ellos obtenemos los siguientes:
  - Optimiza y mejora los procesos productivos, ya que favorece el control de las materias primas, la reducción en el consumo de energía y agua, la minimización de residuos, etc.

- Facilita la incorporación de nuevas tecnologías.
- Hace que los costes de producción se reduzcan.

- **Beneficios sobre los costes ambientales,** los beneficios que se producen los siguientes:

    - Hace posible la identificación de dichos costes.
    - Permite reducir costes de la no gestión, como tasas y cánones, sanciones, accidentes o consumo de recursos.
    - Reduce los gastos en materia de seguros por responsabilidad civil sobre el impacto ambiental.

- **Beneficios económicos,** en cuanto a estos beneficios encontramos:

    - Fomenta la diferenciación de productos, lo que permite aumentar las barreras de mercado.
    - Facilita la adaptación a nuevas demandas de mercado.
    - Permite realizar más fácilmente nuevas inversiones y desarrollo de tecnologías y productos.

Para diseñar e implantar un Sistema de Gestión Ambiental, actualmente destacan dos alternativas posibles. Estas consisten en la aplicación de unas pautas establecidas mediante un reglamento y/o norma, ambas de carácter voluntario, mediante las cuales, las empresas pueden obtener la certificación o registro de dicho sistema:

1. **A través de la Norma de ámbito internacional ISO 14001:2015.** *Sistemas de Gestión Ambiental-Requisitos con orientación para su uso.* Por la que las empresas pueden obtener un certificado con carácter internacional que valida su Sistema de Gestión Ambiental.
2. **Reglamento (CE) 1221/2009, de 29 de noviembre de 2009,** por el que se permite que las organizaciones se adhieran con carácter voluntario a un sistema comunitario de gestión y auditoría medioambientales **(EMAS III)** En España, el Real Decreto 239/2013, de 5 de abril, establece las normas para la aplicación de dicho Reglamento europeo.

Logotipos de EMAS III y de ISO 14001 por AENOR

La Norma ISO 14001 es de aplicación internacional y por tanto de carácter generalista, sin embargo, hace falta impulsar la consecución de un alto nivel de protección ambiental, cosa que garantiza más eficazmente el Reglamento EMAS, el cual goza de un reconocimiento oficial por parte de la Administración Ambiental.

Cuando la empresa ha implantado su SGA, puede obtener su acreditación:

- Para la Norma ISO 14001, el proceso de **certificación** lo realizan entidades reconocidas por ENAC (Entidad Nacional de Acreditación).
- Para el Reglamento EMAS, el proceso de **verificación** lo realizan verificadores ambientales acreditados por ENAC; posteriormente, la empresa se registra en el organismo competente, normalmente la Dirección General de Calidad Ambiental.

1.1. Sistemas de Gestión Ambiental según la Norma UNE-EN-ISO 14001:2015

Las Normas de la familia ISO 14000 son una serie de normas internacionales creadas para la gestión ambiental. Está compuesta por un grupo de normas cuyo principal objetivo es mejorar los resultados ambientales de una organización, sea cual sea su tamaño y grado de implantación en el mundo, ya que se trata de una norma internacional.

La ISO 14001:1996 fue la primera Norma de la serie 14000 que especificó los requisitos que debe cumplir un Sistema de Gestión Ambiental. Es una norma voluntaria que fue desarrollada por la *International Organization for Standardization* (ISO) en Ginebra. La primera revisión se realizó en 2004, apareciendo la Norma ISO 14001:2004. Por último, en 2015 apareció la actual revisión de la norma, aunque los certificados de ISO 14001:2004 serán válidos hasta septiembre de 2018.

Dentro de la familia de las Normas ISO 14000, la ISO 14001:2015 es la única que establece los requisitos en base a los cuales se puede obtener un certificado en gestión ambiental, concretamente proporciona las herramientas necesarias a las organizaciones para que puedan desarrollar un SGA que les conduzca hacia la certificación del mismo, una vez superado un proceso de auditorías externas o de certificación.

La ISO 14001:2015 constituye una herramienta muy importante de *marketing* y de mejora de competitividad, siendo precisamente la evolución que han sufrido los mercados lo que ha generado la necesidad de desarrollar Sistemas de Gestión Ambiental en las organizaciones.

Finalmente, es importante conocer que se trata de una norma muy flexible ya que otorga la posibilidad a las organizaciones de realizar todas las acciones que estas consideren adecuadas para minimizar sus impactos ambientales.

La ISO 14001 no prescribe requisitos de actuación ambiental, salvo el requisito de compromiso de continua mejora y la obligación de cumplir la legislación y regulación relevantes.

Algunas de las novedades más significativas de la norma ISO 14001:2015 con respecto a la versión de 2004 pueden ser:

- La nueva estructura de la norma que se fundamenta en la estructura de alto nivel *Anexo SL,* por la que todos los Sistemas de Gestión basados en las normas ISO utilizarán esta nueva estructura y compartirán requisitos básicos.
- El contexto general de la organización, en el que habrá que identificar las condiciones ambientales externas que influyan en la actividad que realiza la empresa, y no solo los problemas internos de la misma.

- La gestión de riesgos, determinando el riesgo asociado a las amenazas y oportunidades antes de abordar los aspectos ambientales y cumplir las obligaciones.
- La nueva ISO ya no utiliza el término de **acción preventiva** porque los propósitos perseguidos por un Sistema de Gestión Ambiental es la de actuar como herramienta de prevención.
- Se elimina la distinción entre documentos y registros. Ambas expresiones quedan incluidas en el término **información documentada.**
- No se requiere que se establezca un procedimiento documentado de las auditorías internas.
- El control de procesos externalizados, la gestión del cambio y el ciclo de vida.

La estructura de la Norma ISO 14001:2015 queda de la siguiente manera:

1. **Alcance.**
2. **Referencias normativas.**
3. **Términos y definiciones.**
4. **Contexto de la organización.**
5. **Liderazgo.**
6. **Planificación.**
7. **Soporte.**
8. **Operación.**
9. **Evaluación del desempeño.**
10. **Mejora.**

Todos los requisitos de la ISO 14001 tiene como finalidad la incorporación a cualquier Sistema de Gestión Ambiental. La amplitud de la aplicación de los requisitos de esta norma por las organizaciones dependerá de factores como:

- La política ambiental de la organización.
- La naturaleza de sus actividades.
- Las condiciones en las que opera.

Para la implantación de Sistemas de Gestión Ambiental, en cualquier organización, ha de tenerse en cuenta los siguientes aspectos:

- La política ambiental y las pautas de comportamiento respecto al SGA.
- La estructura organizativa de la empresa.
- La legislación vigente en materia ambiental aplicable a la organización.
- La asignación de los recursos materiales y humanos necesarios para su implantación.

Las **etapas** para la implantación de un SGA siguen los siguientes pasos:

1. Compromiso de la alta dirección de la organización.
2. Constitución del equipo de trabajo.
3. Planificación de la estrategia a seguir.
4. Definición de la política ambiental.
5. Identificación de los aspectos ambientales.
6. Registro de requisitos legales y otros requisitos.
7. Establecimiento de objetivos, metas y programas ambientales.
8. Elaboración de la información documentada.
9. Control del sistema y corrección de sus desviaciones.
10. Validación del funcionamiento del sistema.
11. Auditoría y certificación.

El aspecto clave de la implantación de un SGA es la identificación de las responsabilidades para todas y cada una de las áreas implicadas. Además los diferentes responsables de las distintas áreas han de estar en perfecta coordinación para el eficaz funcionamiento del SGA.

Sabía que...

El Reglamento EMAS, contribuye al desarrollo de una Economía Circular, de las organizaciones que lo implantan ya que promueve siempre la mejora continua, obligando a las organizaciones a innovar en la búsqueda de materiales menos contaminantes y de menor consumo, cumpliendo siempre con la normativa legal en vigor.

Certificación del SGA según la ISO 14001. La forma de comprobar y validar que un SGA ha sido implementado correctamente y que su funcionamiento es eficaz y así poder obtener el certificado de verificación es a partir de un llamado proceso de certificación.

La certificación es el procedimiento mediante el cual una tercera parte asegura por escrito que un producto, un proceso o un servicio están en consonancia con los requisitos prefijados en la forma.

Los motivos que pueden llevar a una organización a certificar su SGA son muy variados y entre ellos podemos destacar: mejoras en las prácticas de gestión, un mayor impacto comercial, mejora de la imagen empresarial, mejora de la cuota de mercado, etc.

El proceso de certificación es llevado a cabo por organismos certificadores, reconocidos como tal por una entidad de acreditación para tal finalidad.

Cualquier empresa que pretenda obtener la certificación de su SGA puede acudir a alguna de estas entidades y solicitar la auditoría de certificación.

Si una vez superada la auditoría de certificación, se han detectado no conformidades y se han instrumentado acciones correctoras, el organismo de certificación decidirá si la entidad es conforme a la norma. Si es así, se le otorga el certificado, en caso de no ser conforme se le instará a corregir los fallos hasta obtener la conformidad.

Nota

Los organismos que llevan a cabo las certificaciones de los SGA en las empresas como AENOR, APPLUS, BUREA VERITAS o SGS, entre otros, tienen que estar acreditados para ello por ENAC.

1.2. Sistemas de Gestión Ambiental según el Reglamento EMAS

En un principio, este sistema surgió con la intención de proporcionar un marco concreto que facilitara el comportamiento ambiental sostenible de las empresas.

Posteriormente, la Unión Europea fue un poco más allá en su objetivo de facilitar el establecimiento de pautas sistemáticas de comportamiento, aprobando el Reglamento 1836/93, de carácter voluntario, sobre ecogestión y ecoauditoría. Este es conocido a partir de entonces como Reglamento EMAS.

El Reglamento EMAS 1836/93 permitía que las empresas del sector industrial se pudiesen adherir voluntariamente a un Sistema de Gestión Ambiental con el objetivo único de promover la mejora continua del comportamiento ambiental de las empresas.

No obstante, este Reglamento fue sustituido por el reglamento nº 761/2001 que obedecía al objetivo del anterior Reglamento, así como a la ampliación de la responsabilidad compartida en el ámbito de protección del medio ambiente. Según el Reglamento 761/01, cualquier tipo de organización (y no solo las empresas del sector industrial) podían utilizar un sistema de gestión EMAS.

Este Reglamento quedó modificado y derogado por el Reglamento 1221/2009 de 29 de noviembre en la que además se extiende el ámbito de aplicación que pasa de ser solo europeo a extenderse también a organizaciones con activos fuera de la Unión Europea (lo cual le da un carácter más internacional, es lo que se ha venido a llamar **EMAS Global**).

EMAS es un esquema voluntario gestionado por los Estados Miembros de la Unión Europea. EMAS significa: **Sistema Comunitario de Ecogestión y Auditoría.**

Las empresas que quieran adoptar este esquema deben establecer un Sistema de Gestión Ambiental, desarrollar un programa de acción y revisar e informar públicamente de su actuación ambiental. Su trabajo y documentación serán verificados y juzgados por expertos independientes, públicamente acreditados. Las empresas que lo realicen con éxito serán públicamente reconocidas.

El Reglamento EMAS se extiende a todos los sectores económicos.

El **objetivo** de este Reglamento es promover mejoras continuas en los resultados de las actividades, productos y servicios en relación con el medio ambiente, mediante:

- El establecimiento y aplicación por parte de las empresas de Sistemas de Gestión Ambiental.
- La evaluación sistemática, objetiva y periódica del funcionamiento de tales sistemas.
- La propagación de información sobre el comportamiento ambiental de la empresa, así como del diálogo abierto con el público y otras partes interesadas.
- La implicación activa del personal de las organizaciones, así como una formación adecuada.

En España, se aprobó en 2013, el **Real Decreto 239/2013,** de 5 de abril, por el que se establecen las normas para la aplicación del Reglamento (CE) n.º 1221/2009 del Parlamento Europeo y del Consejo, por el que se establecen normas para la aplicación en nuestro país del Reglamento 1221/2009.

La regulación que lleva a cabo este Real Decreto limita a aquellos aspectos del Reglamento (CE) n.º 1221/2009 que precisan de una concreción en la normativa estatal, sin transcribir aquellas otras cuestiones reguladas en el mismo que resultan de directa aplicación. Según determina el R. D. 239/2013 serán las comunidades autónomas y las ciudades de Ceuta y Melilla las que determinen los organismos competentes para llevar a cabo las inscripciones de las empresas que se incorporan al sistema EMAS.

Recuerde

Las empresas pueden implantar SGA en base a la Norma ISO 14001:2015 (que tiene carácter internacional), o en base al Reglamento Europeo EMAS III.

Requisitos para la Implantación del Sistema de Gestión Medioambiental según el Reglamento EMAS III

Los requisitos que plantea el Reglamento EMAS III para la implantación del SGA en las organizaciones se fundamentan en los requisitos establecidos por la Norma Internacional ISO 14000 y además se incluyen algunas particularidades. Por tanto los requisitos operativos para la correcta implementación de un SGA según EMAS son los que se enuncian a continuación:

- **Requisitos generales:** las organizaciones deberán documentar, implementar, mantener y mejorar continuamente el SGA atendiendo a los requisitos de ISO 14000, además deben documentar y definir el alcance de su Sistema de Gestión Ambiental.
- **Política ambiental:** las altas direcciones de las diferentes organizaciones serán las encargadas de definir la política ambiental, asegurándose con ello de que la política ambiental cumple con los siguientes requisitos:

    - Es **apropiada** y tiene adecuación con la naturaleza y magnitud del impacto ambiental que generan sus actividades, productos o servicios.
    - Se encuentra comprometida con la **mejora continua** y la prevención de la contaminación.
    - Se compromete a **cumplir los requisitos legales** aplicables y con cuantos requisitos la organización suscriba de acuerdo a sus aspectos ambientales.
    - La política medioambiental ha de proporcionar un **marco de referencia para establecer los objetivos y metas ambientales.**
    - Asegurarse de que la política ambiental está **documentada, implementada** en la organización y **se mantiene** en el tiempo.
    - **Se comunica a todas las personas** que forman parte de la organización.
    - Se encuentra a **disposición del público** que lo solicite.

- **Planificación:** las diferentes organizaciones establecerán procedimientos firmes de acuerdo con los siguientes apartados:

    - Los **aspectos ambientales,** sobre los que establecerán procedimientos para identificar los aspectos medioambientales de sus actividades, productos o servicios; así como identificar aquellos impactos ambientales que puedan causar sobre el medio ambiente.

- El **análisis medioambiental,** las organizaciones determinarán un análisis medioambiental inicial que les permitirá determinar cuáles son los requisitos legales aplicables en materia medioambiental a sus actividades (los pasos para la realización de este análisis medioambiental están especificados en el Anexo I del Reglamento EMAS III).
- Las organizaciones establecerán e implementarán procedimientos para establecer los **requisitos legales y otros requisitos** en relación con sus aspectos medioambientales y determinarán cómo se aplican estos requisitos.
  También establecerán procedimientos para promocionar el **respeto a la legislación,** según la cual las organizaciones que quieran acogerse a este Reglamento han de demostrar que tienen conocimiento en cuanto a la normativa, han adoptado las disposiciones oportunas y han establecido procedimiento que les permiten acogerse de manera permanente.
- **Objetivos, metas y programas:** tanto los objetivos como las metas y los programas han de contar con instrumentos de implementación y procedimientos debidamente documentados. Los programas deben incluir tanto la asignación de las responsabilidades para alcanzar los objetivos y metas como los medios que serán requeridos y los plazos para lograrlos. Como medida adoptada por EMAS en este apartado se incluye que las organizaciones deberán demostrar que en el procedimiento de auditoría se tratan los comportamientos reales de la organización, además los objetivos y metas han de comprometerse a una mejora continua y se establece que si la organización se encuentra formada por más de un centro, cada centro que quiera acogerse a EMAS ha de incluir todos los requisitos de forma específica.

- **Implementación y operación.** En este apartado se van a incluir los siguientes puntos o subapartados:

  - **Recursos, funciones, responsabilidad y autoridad:** la dirección de la organización deberá asegurarse de que los recursos esenciales para implementar el SGA se encuentran disponibles, se definirán y documentarán las funciones y la autoridad de competencia para el desarrollo del sistema, además se definirán los representantes de la dirección que se encargarán de velar por la adecuada implementación y desarrollo del SGA.

- **Competencia, formación y toma de conciencia:** para lo que será necesario la implicación y participación activa de los trabajadores de la organización, así como un flujo de información recíproca entre estos y la alta dirección de la organización en este sentido. Se deben planificar los procedimientos óptimos para la adecuada formación de los trabajadores o tomar en consideración cuantas experiencias o acciones sean oportunas para satisfacer las necesidades de estos, así como hacer que tanto los trabajadores de la organización, como los que puedan actuar en su nombre tomen conciencia de la importancia del desarrollo del Sistema de Gestión Ambiental. Además de esto los trabajadores han de participar en el proceso de mejora continua del SGA.
- **Comunicación:** se deben establecer procedimientos para mejorar o establecer la comunicación en cuanto al SGA en la organización, esta comunicación ha de ser interna, es decir, entre los diferentes niveles de funciones de la organización y externa, en cuanto a recibir, documentar y responder a las partes o elementos externos que puedan estar interesados. Las organizaciones deberán además demostrar franqueza y transparencia en el suministro periódico de información que deben aportar así como mantener un diálogo abierto con todas las partes que puedan estar interesadas en esta información, incluyendo los clientes y las comunidades locales.
- **Documentación:** la documentación que se debe aportar para implementar el SGA debe incluir: la política, objetivos y metas ambientales, la descripción del sistema de gestión ambiental, la descripción de los elementos principales del sistema y su interacción así como la referencia a los documentos relacionados, los documentos (incluyendo los registros) requeridos en la Norma internacional ISO 14000 y, por último, los documentos necesarios para asegurar la eficacia de planificación y el control de los procesos.
- **Control de los documentos:** tanto los documentos como los registros (un tipo especial de documentos) han de estar debidamente controlados, para ello se establece que: se deben implementar los procedimientos correspondientes para aprobar los documentos en relación

con su adecuación antes de su emisión, revisarlos y actualizarlos, asegurarse de que se identifican los cambios y el estado actual de revisión de estos, asegurarse de que permanecen disponibles, son legibles y se identifican fácilmente, se han de identificar los documentos externos a la organización, así como proteger de usos de materiales o documentos obsoletos.

- **Control operacional:** la organización ha de poder reconocer y planificar las operaciones relacionadas con aquellos aspectos medioambientales que se recogen en su política medioambiental y poder establecer los procedimientos adecuados.
- **Preparación y respuesta ante emergencias:** se han de establecer los procedimientos adecuados para identificar situaciones potenciales de emergencia y métodos de respuesta ante ellas.

- **Verificación:** el proceso de verificación implica a su vez varios apartados de procedimientos.

  - **Seguimiento y medición.** Se han de establecer los procedimientos oportunos para evaluar y medir el SGA, esto ha de ser un proceso continuo y regular y los procedimientos para su seguimiento han de ser correctamente documentados. Así como mantener los instrumentos de medida que sean necesarios debidamente calibrados para desarrollar su función.
  - La organización ha de ser coherente con el cumplimiento legal y establecer un procedimiento de evaluación de este, así como especificar y medir todos aquellos procedimientos legales a los que la organización se haya circunscrito.
  - Se deben implantar también y mantener estrategias para tratar las no conformidades reales y potenciales, así como tomar en consideración las correspondientes acciones correctivas y preventivas.
  - En lo relativo al control de los registros, se especifica que estos han de estar identificados, debidamente almacenados y protegidos, para facilitar la recuperación y la disposición de estos.
  - **Auditoría Interna.** A través de este apartado las organizaciones han de determinar si el sistema ambiental de gestión está conforme con las disposiciones de la Norma ISO 14000, se han implementado debidamente sus apartados, y se proporciona la información a la

dirección en cuanto a las auditorías. Se han de establecer además las responsabilidades y requisitos para planificar las auditorías y los criterios de la misma, así como su alcance y su frecuencia.

- **Revisión por la dirección.** La alta dirección de la empresa debe revisar el Sistema de Gestión Ambiental, estas revisiones han de ser periódicas y estar debidamente planificadas, en estas revisiones se deben incluir: los resultados de las ***auditorías internas*** y evaluaciones de cumplimiento con los requisitos legales y otros requisitos, las comunicaciones de las partes interesadas externas (incluidas las quejas), el desempeño ambiental de la organización, el grado de cumplimiento de objetivos y metas, el estado de las acciones correctivas y preventivas, el seguimiento de las acciones resultantes de las actividades previas de llevadas a cabo por la dirección, los cambios en las circunstancias incluyendo la evolución de los requisitos legales y las recomendaciones para la mejora.

Logotipo de EMAS

Es la marca del Reglamento, representa tanto la prueba de la existencia de la excelencia ambiental, como la fiabilidad y credibilidad de la información respecto a su actuación ambiental.

El logotipo EMAS no es una ecoetiqueta, ya que no proporciona ninguna información sobre un producto al consumidor. Es un sello de fiabilidad de la información suministrada y de la participación en el amplio sistema europeo, pero no es un sello de superioridad de los productos.

El logotipo EMAS III podrán usarlo exclusivamente las organizaciones registradas y únicamente mientras su registro sea válido. Solo se podrá usar siempre que se mantengan las siguientes características:

- Se podrá usar en cualquiera de las 23 lenguas que se recogen en el texto (Anexo V del mismo) y solo siempre que la denominación coincida con las especificadas.
- Además se establece que solo se podrá usar en color negro, blanco, escala de grises o con los tres colores que aparecen especificados (verde, azul y amarillo).

- Si una organización tiene centros en varios estados velará para que en sus comunicaciones con el público quede claro cuál de sus centros están incluidos en el registro EMAS.
- El logotipo EMAS no se usará en embalajes de productos.
- No se usará el logotipo de un modo que pueda producir confusión con etiquetas ecológicas de productos.
- Una condición esencial del Reglamento EMAS es que una vez que el SGA ha alcanzado su madurez, requerirá la existencia de un verificador ambiental acreditado para validar la declaración ambiental y certificar de una manera crítica la realidad y actuación del SGA.
- La información medioambiental publicada podrá ostentar el logotipo EMAS siempre que haya sido validada por un verificador ambiental que pueda asegurar que:
    - Es exacta.
    - Está fundamentada y es verificable.
    - Es pertinente y es utilizada en un contexto o lugar adecuados.
    - Es representativa del comportamiento global de la organización.
    - Tiene pocas probabilidades de ser mal interpretada.
    - Es significativa respecto al impacto ambiental global.

Nota

Los verificadores ambientales deben estar acreditados por las acreditadoras de cada estado (ENAC en España).

1.3. Diferencias entre EMAS e ISO 14001

Tanto la Norma como el Reglamento comparten el mismo enfoque pero se diferencian en algunos aspectos de exigencia, de modo que son compatibles pero no equivalentes.

La idea básica con la que debemos partir es que ambos sistemas son herramientas de gestión ambiental que pretenden que la mejora en la gestión del medio ambiente vaya más allá del cumplimiento de la legislación, al mismo tiempo que facilitan medios para su cumplimiento.

Las diferencias más significativas en cuanto al Reglamento EMAS III y la Norma Internacional ISO 14001 son las que tienen relación con los siguientes aspectos:

- **Revisión inicial:** el Reglamento EMAS III requiere específicamente la realización de una revisión inicial antes del implantar el SGA, en cambio en la Norma ISO 14001 solo se indica su idoneidad para desarrollar el SGA.
- **Ámbito de aplicación:** 14001 es una Norma de tipo internacional, el Reglamento EMAS se circunscribe al ámbito europeo y a las organizaciones con activos fuera de la UE.
- **Declaración medioambiental:** EMAS requiere una declaración medioambiental que sea pública, esté disponible para quien la requiera y se encuentre verificada, en cambio la Norma ISO 14001 no requiere de ninguna declaración ambiental.
- **Auditoría:** EMAS especifica que cada tres años se debe completar el ciclo de auditoría, o cada cuatro años para las pequeñas empresas. La Norma ISO 14001 no especifica ninguna frecuencia para las auditorías.
- **Mejora continua:** ISO 14001 establece que la mejora continua y el uso de la mejor tecnología ha de realizarse siempre que sea posible y económicamente viable, el Reglamento EMAS incluye el compromiso de la mejora continua y la reducción de los impactos ambientales a los niveles de uso de la mejor tecnología posible siempre que sea económicamente viable.
- **Compromiso de cumplir con la legislación:** en ISO 14001 se solicita el compromiso de cumplir con la legislación vigente y en EMAS III se especifica que todas las organizaciones deben cumplir con toda la legislación vigente en cuanto a medioambiente.

Por último hay que señalar que la verificación EMAS puede ser un paso independiente y/o complementario de la certificación ISO 14001. El mayor nivel de protección así como las mayores exigencias en cuanto a comunicación con el público a través la declaración medioambiental hacen que EMAS se constituya como un paso posterior una vez que la empresa ha consolidado su SGMA a través de ISO 14001.

De hecho es lo que sucede en la realidad. Las organizaciones prefieren iniciarse con ISO, ya que es más sencilla de implantar y con una estructura equivalente a ISO 9000, para finalmente culminar con EMAS.

Recuerde

Los SGA implantados en base al Reglamento EMAS requieren mayores exigencias ambientales que los implantados en base a la Norma ISO 14001.

2. El etiquetado ecológico

La etiqueta ecológica es un instrumento de gestión ambiental que garantiza la producción de productos y servicios compatibles y respetuosos con el medio ambiente, a la vez que ayuda a la consecución del Desarrollo Sostenible.

Una etiqueta ecológica es una definición ambiental que figura en los envases o embalajes, en los folletos u otra literatura sobre un producto determinado.

Concretamente el sistema actual de etiquetado ecológico es un distintivo que se le concede a aquellos productos que tengan un impacto reducido sobre el medio ambiente, desde las fases de elaboración hasta su eliminación, siguiendo una serie de determinados criterios ecológicos.

Las **ventajas** que ofrece el sistema de etiqueta ecológica pueden resumirse de la siguiente forma:

- Ofrecer información exacta y veraz sobre el impacto ambiental de un producto concreto.
- Sensibilizar a los consumidores.

- Mejorar las ventas o imagen del producto etiquetado.
- Apremiar a los fabricantes que asuman la responsabilidad de la incidencia de sus productos en el medio ambiente.
- Proteger el medio ambiente.

Actualmente existen diversos sistemas de concesión de etiquetas ecológicas regulados por diferentes normativas, como pueden ser la de la Unión Europea, la estatal y/o la de las comunidades autónomas.

Los procedimientos y requisitos son diferentes, así como a los productos a lo que se les puede aplicar el procedimiento de concesión, de manera que unas no son de aplicación a productos alimentarios, como la **ecoetiqueta ecológica,** mientras que otros, como la **etiqueta europea de agricultura ecológica** o las de diferentes órganos reguladores de la agricultura ecológica que tiene las comunidades autónomas, son de aplicación exclusiva a productos agroalimentarios.

Hasta el año 2000 podemos hablar de una fase de introducción de las ecoetiquetas en los mercados, donde su ritmo de crecimiento fue muy bajo.

Sin embargo, a partir del año 2001 se inició una fase de crecimiento, donde tanto el número de licencias como el número de productos certificados experimentaron un importante crecimiento.

2.1. Tipos de ecoetiquetas

Existen varios tipos de etiqueta ecológica según el organismo que la otorgue y los criterios que se apliquen:

Etiquetado de Tipo I

Son esquemas voluntarios cuyos productos son certificados por una entidad independiente y en los que se establecen criterios en virtud de los cuales ciertos productos, dentro de una categoría, son identificados como productos ecológicos. Estos productos son autorizados a utilizar un logotipo identificativo que acredita que el producto cumple con los criterios ecológicos establecidos. Ejemplos de etiquetado de Tipo I:

- El Ángel Azul alemán.
- El Cisne.
- El Blanco de los países nórdicos.
- La ecoetiqueta de la Unión Europea.
- La ecomarca de Japón, etc.

Las **características** del etiquetado de Tipo I son:

Ecoetiquetas "Ángel azul" (Alemania) y Países Nórdicos

1. Es un etiquetado voluntario.
2. Implica el otorgamiento de una etiqueta cuando el producto cumple ciertos criterios.
3. Tienen como objetivo identificar y promover productos ecológicos.
4. Los criterios de aprobación/desaprobación son establecidos para cada categoría de producto después de considerar los impactos en todo su ciclo de vida del producto.
5. Están disponibles públicamente.

La normativa ISO aplicable para este esquema es la **ISO 14024.**

Etiquetado de Tipo II

Se trata de autodeclaraciones informativas de aspectos ambientales de productos para considerarlos como productos ecológicos. Son realizadas por el propio fabricante en forma de textos, símbolos o gráficos y exigen la responsabilidad de cumplimiento del contenido de la información, tales como etiquetas en el producto en el envase, literatura del producto, boletines técnicos, avisos, publicidad, *telemarketing*, medios digitales o electrónicos e internet.

Incluye declaraciones como: "reciclable", "60 % libre de fosfatos", etc.

Ejemplo de ecoetiquetado de tipo II

Con objeto de combatir la publicidad engañosa en relación con la publicidad de los productos ecológicos, ISO ha desarrollado la Norma **ISO 14021** sobre ecoetiquetado de Tipo II.

Etiquetado de Tipo III

El etiquetado Tipo III es una nueva forma de declaración ambiental, que ofrece información sobre el impacto ambiental de un producto o servicio a través de análisis del ciclo de vida. Se ha desarrollado para evitar algunas de las dificultades que se han presentado con los esquemas de etiquetado Tipo I en la que se obliga a un que solamente un porcentaje bajo de productos de una categoría pudieran cumplir con los criterios ecológicos establecidos.

Los esquemas de Tipo III utilizan un enfoque científico basado en consideraciones del análisis del ciclo de vida (ACV). Están regulados por la Norma **ISO 14025.**

No obstante, existen otras normas que permiten obtener el correspondiente etiquetado ecológico:

- **NORMA ISO 14020:** etiquetado ecológico. Principios generales. Establece nueve principios generales que deben considerarse para el desarrollo del etiquetado y declaraciones ambientales. La intención es que las especificaciones en las demás normas de etiquetado ambiental, actualmente bajo el desarrollo del SC3, deberían ser consistentes con los principios generales establecidos en ISO 14020.

- **NORMA ISO 14022:** etiquetado ecológico. Símbolos.
- **NORMA ISO 14023:** etiquetado ecológico. Metodologías de ensayo y verificación ambiental.
- **NORMA ISO/ TR 14062:** integración de aspectos medioambientales en el desarrollo de productos.

El documento tiene como objetivo principal brindar información técnica y herramientas útiles, a los profesionales del diseño y desarrollo, para identificar e integrar los aspectos ambientales en el desarrollo de productos y servicios, elaborado no solo para las grandes organizaciones sino también para las medianas y pequeñas empresas.

Recuerde

- Las etiquetas ecológicas Tipo I están reguladas por la Norma ISO 14024.
- Las etiquetas ecológicas Tipo II están reguladas por la Norma ISO 14021.
- Las etiquetas ecológicas Tipo III están reguladas por la Norma ISO 14025.

2.2. El etiquetado ecológico europeo

La etiqueta ecológica europea tiene por objeto la promoción de productos que puedan reducir los efectos ambientales adversos, en comparación con otros productos de la misma categoría.

La ecoetiqueta europea consiste en un logotipo que permite diferenciar al consumidor aquellos productos del mercado europeo que garantizan un mayor respeto ambiental frente a otros productos con usos idénticos o similares que lo hacen.

La etiqueta ecológica europea presentan las siguientes características:

- Es comparable a otros sistemas nacionales de etiqueta ecológica que no pretende sustituir a otras etiquetas ambientales ecológicas.
- Se gestiona a través de organizaciones autorizadas en cada uno de los Estados Miembros de la Unión Europea. Los criterios de concesión o denegación a cada producto se elaboran a escala comunitaria y son los mismos en todos los países.
- Una vez otorgada, la etiqueta es válida en todos los países de la Unión Europea.

Es un distintivo que permite a los fabricantes poner en conocimiento de clientes y consumidores el hecho de que sus productos son ambientalmente más correctos que otros de similares características.

Presentan como ventajas añadidas que puede ser reconocida y valorada, de modo homogéneo, en todos los países de la Unión Europea, de que su gestión está en manos de organismos oficiales de carácter público, no sujetos a presiones comerciales, y que ofrece a los consumidores información veraz sobre la repercusión ambiental del producto a lo largo de su vida y de su eliminación.

El ámbito de aplicación de la etiqueta ecológica se extiende a todo tipo de productos, con la excepción de:

1. Los productos alimenticios.
2. Las bebidas.

3. Los productos farmacéuticos.
4. Los dispositivos médicos definidos en la Directiva 93/42/CEE.
5. Las sustancias o preparados clasificados como peligrosos.
6. Los productos fabricados mediante métodos que puedan ser perjudiciales.

Los aspectos que se valoran con la etiqueta ecológica son las siguientes:

- Protección de la atmósfera, agua y suelo.
- Ahorro de energía.
- Gestión de recursos naturales.
- Repercusiones en los ecosistemas.
- Seguridad ambiental.
- Ruido.

Las categorías principales de productos para los que se concede la etiqueta ecológica son:

1. Textiles.
2. Pinturas.
3. Detergentes.
4. Papel.
5. Colchones.
6. Calzado.
7. Electrodomésticos.
8. Bombillas.
9. Ordenadores.
10. Muebles, etc.

Ecoetiqueta europea en un producto multiuso

Desde su creación los objetivos el Sistema Europeo de Etiqueta Ecológica se ha dirigido a:

- Identificar productos cuya elaboración y naturaleza es menos dañina para el medio ambiente.
- Proporcionar al consumidor información sobre aquello que consume para que use esta información en su elección de comparar a favor de productos o servicios que dispongan de etiquetas ecológicas.

Se trata de un sistema voluntario que fomenta la fabricación y comercialización de productos respetuosos con el medio ambiente, que resulta plenamente compatible con otros sistemas nacionales de etiquetado ecológico.

La etiqueta se solicita y se gestiona a través de organizaciones autorizadas en cada Estado miembro y, una vez otorgada, tiene validez en el ámbito territorial de todos los países de la Unión Europea.

El Reglamento que regula la etiqueta ecológica estableció un organismo encargado de la determinación y revisión de los criterios para la concesión de la misma, llamado **Comité de la Etiqueta Ecológica de la Unión Europea.**

El sistema comunitario de concesión de la etiqueta ecológica consta de tres fases: establecimiento de los criterios ecológicos, concesión de la etiqueta a los productos y vigencia de la etiqueta.

Antes de conceder la etiqueta se llevan a cabo las siguientes operaciones:

1. Comprobar que el producto cumple con los criterios aprobados y publicados en el **Diario Oficial de las Comunidades Europeas.**
2. Comprobar que la solicitud se ajusta a los requisitos de evaluación y verificación del cumplimiento.
3. Haber consultado a los organismos competentes cuando el requisito sea necesario.

En el caso de que no haya objeciones derivadas de las citadas comprobaciones, el organismo competente concede la Etiqueta Ecológica Europea y celebra con el solicitante un contrato sobre las condiciones de utilización de esta. Este contrato adopta el modelo establecido por la Comisión Europea.

La autorización de usos de la etiqueta ecológica conlleva el pago de un **canon anual** por utilización que oscila entre **500 y 25.000 euros** por categoría de producto y solicitante.

Logotipo de la etiqueta ecológica europea

El producto ecoetiquetado es fácilmente reconocido de otros tipos de productos ecológicos debido a su inconfundible logotipo consistente en una flor de color verde en cuyo centro figura la letra **"E"** rodeada por la corona con las doce estrellas de Unión Europea, el número de Estados miembros en aquel momento.

Normalmente consta de dos partes: una primera donde figura el logotipo, y una segunda que contiene información sobre los motivos de la concesión de la etiqueta ecológica. Dicha información debe referirse por lo menos a uno y a no más de tres efectos ambientales, todo ello de forma sucinta.

Ambas partes pueden aparecer conjuntamente en el producto, y cuando el aspecto de espacio constituya un factor importante para productos de pequeño tamaño, la segunda parte puede omitirse siempre y cuando la etiqueta completa aparezca en otras aplicaciones relacionadas con el mismo producto, es decir, puede aparecer la primera parte de la etiqueta en el producto, siempre y cuando la etiqueta completa aparezca en algún otro punto del envasado, los folletos informativos u otro material existente en los puntos de venta.

Las **obligaciones** que suscriba la etiqueta ecológica son:

1. La ecoetiqueta será claramente visible y solo se utilizará con la forma y color establecidos.
2. El derecho de utilización de la ecoetiqueta no incluye la utilización de la misma como parte de la marca registrada.
3. El titular garantizará que el producto cumple, durante el período de validez del contrato, con los criterios de la categoría de producto y especificaciones aplicables.
4. El titular informará por correo certificado de las modificaciones de las características del producto aun cuando no afecten al cumplimiento de los criterios.
5. El organismo competente podrá realizar las comprobaciones que considere oportunas.
6. El titular hará referencia a la concesión de la ecoetiqueta únicamente en relación con el producto certificado.
7. El titular evitará toda publicidad falsa o engañosa que pueda dar lugar a confusiones o ponga en tela de juicio la credibilidad de la misma.

El proceso de obtención de ecoetiqueta ecológica

Una empresa que desee disponer de la etiqueta ecológica en algún producto debe realizar los siguientes pasos:

1. **Información preliminar.** En primer lugar debe asegurarse que existen criterios ecológicos establecidos para la categoría de productos a la que pertenece, y consultar las Decisiones de la Comisión con objeto de evaluar a priori si su producto se encuentra dentro del ámbito de aplicación y es susceptible de cumplir con los criterios ecológicos. Si el producto que solicita esta distintivo no dispone de criterios ecológicos pues no existe dentro de su categoría de productos ecoetiquetas otorgadas, se estudiará, por parte del organismo competente, la viabilidad y los criterios ecológicos a exigir. Actualmente en España existen criterios definidos para 24 categorías de productos.
2. **Solicitud.** Una vez que la empresa ha tomado la decisión de solicitar la ecoetiqueta para un producto, se debe formalizar una solicitud por

escrito dirigida al órgano ambiental competente con la siguiente documentación. El organismo competente informará sobre la documentación necesaria en cada caso en función de los criterios ecológicos de cada categoría de producto.

3. **Evaluación de la solicitud.** Una vez presentada toda la documentación acreditativa necesaria, el organismo competente procederá a evaluar la solicitud, examinando la documentación a fin de comprobar el cumplimiento de los criterios ecológicos y la adecuación e idoneidad del producto. Durante el proceso de evaluación, el organismo competente podrá solicitar, si lo considera necesario para la evaluación de los criterios ecológicos, información adicional relativa al producto e incluso, si es pertinente, se podría plantear una visita a las instalaciones.
4. **El proceso de concesión y la firma del contrato.** Una vez que la Comisión de Etiquetado Ecológico aprueba el expediente, el organismo competente procede a dictaminar la resolución favorable para la concesión de la ecoetiqueta. La resolución será notificada al solicitante en un plazo máximo de seis meses desde que se inicia el expediente, requiriéndole para la firma del contrato de la utilización de la ecoetiqueta. El solicitante, debe efectuar el abono de la tasa anual correspondiente. Para el abono de la tasa anual, se estimará el volumen previsto de ventas durante el año siguiente a la concesión, siendo revisado al cabo del año, mediante la presentación de una declaración de las ventas totales del producto certificado en el territorio de la Comunidad Europea. La concesión de la etiqueta ecológica será publicada en el Boletín Oficial de la Comunidad correspondiente, igualmente se notificará al Ministerio para la Transición Ecológica y el Reto Demográfico para que lo comunique a la Comisión Europea y sea incluido en el Registro Europeo de la Ecoetiqueta. Si la resolución no fuera favorable se dispondrá de un plazo de 10 días para presentar alegaciones, si estas son admitidas, el proceso continuará, en caso contrario, se resolverá como Denegada la concesión de la Etiqueta.
5. **El contrato.** Las condiciones de uso de la ecoetiqueta, y los derechos y obligaciones adquiridos, quedan formalizados a través del contrato que se firma entre el solicitante y el organismo competente. El contenido genérico de estos contratos ha sido fijado por la Decisión de la Comisión 2000/729/CE de 2000, relativa a un contrato tipo sobre las condiciones de utilización de la etiqueta ecológica comunitaria. El contrato tiene

una validez determinada, como norma general, o hasta la fecha de expiración de los criterios de la categoría de productos. Una vez que expira el contrato, no se podrá seguir utilizando la ecoetiqueta, excepto por un período de seis meses en los productos almacenados con anterioridad. El contrato podrá ampliarse a una gama de productos más amplia que la inicialmente prevista, siempre y cuando los nuevos productos pertenezcan a la misma categoría y se ajusten a los criterios ecológicos. Ahora bien, debe quedar claro que el uso de este etiquetado solo puede hacerse para el producto que se trate, el que ha sido evaluado y ningún otro. No se trata de una etiqueta que avale una marca, un establecimiento, o fabricante, sino exclusivamente un producto en concreto.

6. **Verificación y seguimiento del uso de la ecoetiqueta.** El organismo competente efectuará labores de control y seguimiento del uso de la ecoetiqueta durante el período de validez del contrato. Se verificará anualmente que el titular de la ecoetiqueta realiza el pago de la tasa anual y continúa cumpliendo todos los requisitos que dieron lugar a su concesión. Para ello, el concesionario deberá remitir la documentación oportuna para la verificación. Así mismo, el organismo competente verificará que se está procediendo al correcto uso de la etiqueta, mediante los mecanismos que considere oportunos. El concesionario debe cumplir los requisitos establecidos en el contrato. En el caso de que se produzcan modificaciones en el producto que no afecten a las condiciones de la etiqueta, se comunicará a la Dirección General. Si esos cambios son circunstanciales y afectan a las condiciones de la etiqueta será necesario formalizar una nueva solicitud.
7. **Revisión de la concesión en caso de modificación de los criterios ecológicos.** La etiqueta ecológica será válida por un período de tres a cinco años. Tras este período los criterios ecológicos son revisados y pueden hacerse más restrictivos. Si durante el período de validez del contrato, se produce la publicación por la Comisión Europea de nuevos criterios ecológicos o modificaciones de los existentes, el organismo competente notificará a los titulares dichas modificaciones, para que estos puedan acreditar la adaptación a los mismos. Si los criterios son prolongados el contrato de licencia será automáticamente renovado. Una vez aprobada y concedida la Etiqueta Ecológica Europea, la empresa paga una tarifa anual por los derechos de uso de la Etiqueta Ecológica que está fijada en un 0,15 % del volumen anual de ventas del producto. Los organismos

competentes nacionales tienen la potestad de modificar la tarifa hasta un 20 % en cualquier dirección. Adicionalmente, el organismo competente puede ayudar a los fabricantes a lanzar una campaña publicitaria. La Etiqueta Ecológica es válida hasta la expiración de los criterios (tres años después de su publicación).

Aplicación del sistema comunitario de ecoetiquetado en España

El sistema de etiqueta ecológica se regula y aplica en España mediante el **Real Decreto 234/2013** de 5 de abril, por el que se establecen normas para la aplicación del **Reglamento (CE) nº 66/2010** del Parlamento Europeo y del Consejo, de 25 de noviembre de 2009, relativo a la etiqueta ecológica de la Unión Europea. El Reglamento establece que serán las comunidades autónomas las encargadas de designar un organismo competente para facilitar el acceso a todos los fabricantes y productores al otorgamiento de la etiqueta ecológica es decir, para el otorgamiento de la etiqueta ecológica.

Conforme a lo dispuso el real decreto, los organismos competentes de las comunidades autónomas deben comunicar al Ministerio de medio ambiente los productos a los que concedan la etiqueta ecológica comunitaria a fin de conseguir una completa información sobre todos los productos a los que se haya otorgado la citada etiqueta en el ámbito nacional, así como las categorías de productos y los criterios ecológicos específicos para cada categoría.

Etiquetado energético y diseño ecológico

Actualmente hay una mayor demanda mundial de productos más eficientes para reducir el consumo de energía y otros recursos naturales, en consonancia con el objetivo de mejorar la sostenibilidad global. Es por ello que en la fabricación se incluyen las normas de diseño ecológico, que están aplicándose desde 2021, para mejorar en cuanto a la reparación y el reciclado de los aparatos enfocados a la economía circular.

En ciertos productos también se aplica la etiqueta energética europea, que fue introducida por primera vez para una serie de electrodomésticos en 1994, posteriormente fue ampliada en 2004 con más productos. La misma presenta una escala comparativa que incluye letras y colores que indican de máxima eficiencia a mínima eficiencia. Su uso ha sido un factor clave para ayudar a los consumidores a elegir productos más eficientes desde el punto de vista energético. Al mismo tiempo, anima a los fabricantes a impulsar la innovación utilizando tecnologías más eficientes desde el punto de vista energético.

Sabía que...

En España, las clases A+, A++ y A+++ para los electrodomésticos dejaron de existir en marzo de 2021, cuando fueron reemplazadas por una nueva clasificación de la A más eficiente a la G menos eficiente.

El 11 de marzo de 2019, la Comisión adoptó el formato y la identidad visual definitivos de las nuevas etiquetas para lavavajillas, lavadoras, televisores y lámparas. En el caso de los «aparatos de refrigeración con función de venta directa» que se aplican desde 2021 de forma progresiva en frigoríficos y congeladores.

El 1 de octubre de 2019, la Comisión adoptó diez medidas en cuanto a diseño ecológico de algunos productos. Algunas medidas incluyen el que las piezas de recambio se sustituyan con más facilidad y garantizar que las piezas clave y la información sobre reparación y mantenimiento estén a disposición de los usuarios finales y los reparadores profesionales. Las normas de diseño ecológico modificadas para lavadoras, lavavajillas, frigoríficos y congeladores, y pantallas electrónicas entraron en vigor el 1 de marzo de 2021.

3. El *marketing* ecológico

El *marketing* constituye uno de los principales instrumentos que utilizan en la actualidad todas las empresas para conseguir sus objetivos. En ese sentido, podemos entender al *marketing* como una estrategia de mercado imprescindible hoy en día, encaminada a planificar y ejecutar aquellos aspectos y actividades relativas a un producto o servicio con el objeto de conocer y comprender al cliente e influir así sobre sus decisiones de compra, intentando satisfacer sus necesidades y a la vez, con ello, maximizar el margen de beneficio de la empresa.

La preocupación actual por el cuidado del medio ambiente impone el esfuerzo de rediseñar el *marketing* desde una perspectiva ecológica; así el *marketing* ecológico se presenta como una nueva filosofía en la organización de la empresa.

En ese sentido, el *marketing* ambiental se puede entender como un instrumento estratégico para posicionar a las empresas con respecto a la preocupación que tienen los clientes por la problemática ecológica asociada a sus productos o servicios.

El *marketing* ambiental puede ser una herramienta muy adecuada para poder utilizar el medio ambiente en beneficio de la empresa. Las ventajas que puede aportar a la empresa son varias y diversas:

1. Comprender el mercado ambiental.
2. Mantener o aumentar la competitividad y la rentabilidad.
3. Mejorar la imagen de la empresa.
4. Mejorar la relación con los grupos de presión.

Evidentemente todo esto supone una serie de esfuerzos y de costos ya que una empresa ha de poner al servicio del consumidor la suficiente información para que este pueda seleccionar su producto o servicio con la necesaria credibilidad ambiental.

Por lo tanto, desde una perspectiva empresarial, el *marketing* ecológico es el *marketing* que aplican aquellas empresas que adoptan un enfoque de *marketing* social para comercializar productos ecológicos, es decir, aquellas empresas que buscan satisfacer las necesidades sociales junto a las necesidades presentes de los consumidores. En este sentido, se puede definir al *marketing* ecológico como:

El proceso de planificación, implantación y control de una política de producto, precio, promoción y distribución que permita conseguir los tres siguientes criterios: que las necesidades de los clientes sean satisfechas, que los objetivos de la organización sean conseguidas, que el proceso genere el mínimo impacto negativo en el ecosistema.

El *marketing* ecológico
Antonio Chamorro.

Desde la perspectiva ecológica, los objetivos que persigue el *marketing* ecológico son:

- Informar/ educar sobre temas de índole ambiental.
- Incitar a la práctica de acciones beneficiosas para el medio ambiente. Por ejemplo, las diferentes campañas para que el ciudadano ahorre agua y energía pretenden incentivar un comportamiento medioambiental más adecuado.
- Cambiar comportamientos nocivos para el medio ambiente. Las campañas contra el fuego que se desarrollan todos los veranos tratan de evitar que el ciudadano realice actividades que puedan ocasionar accidentalmente un incendio.
- Cambiar los valores de la sociedad. Dentro de este objetivo se pueden encuadrar las campañas de recomendación de respetar el ciclo de vida de los peces y las campañas generales para la protección de los bosques.

Ejemplo

Las campañas realizadas tras la aprobación de la Ley de Envases y Residuos de Envases, con el objetivo de informar sobre la utilización de los contenedores de recogida selectiva de residuos sólidos urbanos, son un ejemplo de este tipo de *marketing* ecológico para educar a la ciudadanía.

Podemos deducir entonces, que desde la perspectiva ecológica, el *marketing* ecológico contribuye al Desarrollo Sostenible, de forma que diseñe ofertas comerciales que permitan satisfacer las necesidades presentes de los consumidores sin comprometer la capacidad de satisfacer las necesidades futuras de esta y de las próximas generaciones.

Para ello, el *marketing* ecológico debe asumir como misión tres funciones:

- Redirigir la elección de los consumidores.
- Reorientar el *marketing* de la empresa.
- Reorganizar el comportamiento de la empresa.

Se trata de conseguir que la preocupación por las cuestiones ecológicas se traslade al comportamiento de compra y consumo. O, lo que es lo mismo, se trata de incrementar el tamaño del segmento de consumidores ecológicos.

Instrumentos necesarios para la puesta en práctica del *marketing* ecológico

Para poder llevar a cabo una correcta estrategia de *marketing* ambiental, la empresa debe plantearse y adoptar una serie de medidas:

- Debe plantearse los problemas de contaminación y de residuos una vez generados y procurar mitigar y reducir su impacto negativo en el medio a través de diversos procesos de tratamiento.
- La empresa debe intervenir en los procesos de producción o de prestación de servicios, a través de la adopción de las mejores tecnologías y prácticas de gestión posibles. Es decir, nuevas formas de producir con menor materia y energía, menos contaminación y menos residuos.
- La empresa debe incorporar la preocupación ambiental al diseño de sus productos y servicios. Se deben anticipar los efectos ambientales de su fabricación y de su consumo y uso posteriores, así como de su conversión final en residuo.

Herramientas como el análisis del ciclo de vida de un producto, el diseño ecológico, la obtención de la etiqueta ecológica así como la implantación de Sistemas de Gestión Medioambiental, son algunas propuestas a través de las cuales, las empresas puedan basar su estrategia de imagen y de *marketing* ambiental para poder satisfacer las necesidades del cliente.

El diseño ecológico es un nuevo concepto que busca reducir el consumo de energía de productos como, por ejemplo, los electrodomésticos, sistemas de calefacción o electrónica en general. La información relativa a los resultados ecológicos y a la eficacia energética del producto deberá ser visible, a ser posible, en el propio producto, para que el consumidor pueda comparar antes de comprar.

El consumidor ecológico

El consumidor ecológico (llamado también **consumidor verde**) se puede definir como aquel consumidor que manifiesta su preocupación y sensibilización por el medio ambiente en su comportamiento de compra, buscando productos que sean percibidos como de menor impacto ambiental.

Este nuevo segmento de consumidores dentro del mercado estará dispuesto a pagar un mayor precio por productos percibidos como ecológicos. En otros casos, manifestará un rechazo de aquellos productos más contaminantes.

Es la aparición de este tipo de consumidor lo que ha propiciado que las empresas se planteen y cuestionen la necesidad del *marketing* ecológico en su gestión empresarial.

Para estos consumidores la calificación de ecológico es un atributo valorado en el proceso de decisión de compra. En algunos casos dicha valoración se manifestará en pagar un mayor precio por productos percibidos como ecológicos y en otros casos se manifestará en el rechazo de aquellos productos más contaminantes, estos "consumidores verdes" prefieren adquirir el producto más ecológico en igualdad de condiciones funcionales (calidad, comodidad...) y económicas (precio, promoción de ventas, cantidad...).

A la hora de decidir el consumo de un producto ecológico los consumidores valoran un conjunto de características de estos productos:

- Los riesgos para la salud de las personas y animales del producto en cuestión.
- El contendido en sustancias tóxicas o peligrosas.
- El consumo de agua o de energía que ha sido necesaria durante su fabricación.
- El tipo y calidad de las materias primas empleadas en su elaboración.
- El embalaje empleado (reciclable o no).
- La condiciones de uso o producto.
- La duración del producto.
- El desarrollo de experimentaciones con animales para la elaboración y puesta a la venta del producto.
- Tipos y características de los residuos generados.

El consumidor ecológico suele ser de una edad joven comprendida entre los 25 y 54 años. Esto es debido a la escasez de recursos en edades inferiores a los 25 y a la menor sensibilidad de las poblaciones de más de 54 años.

Un consumidor ecológico es, ante todo, respetuoso con el medio ambiente, y que, además de ahorrar energía, ahorra dinero.

Ejercicios de repaso y autoevaluación

1. **Los Sistemas de Gestión Ambiental puede ser implantados en las organizaciones a través de:**

   a. Únicamente la Norma ISO 14001.
   b. El Reglamento EMAS y la Norma ISO 14001.
   c. La ISO 9001 y 14001.
   d. El Análisis de Ciclo de Vida.

2. **La manera sistemática y proactiva de manejar los aspectos ambientales de una organización con la idea de prevenir impactos ambientales sobre el entorno y la comunidad, se denomina...**

   a. ... *marketing* ecológico.
   b. ... Sistemas de Gestión Ambiental.
   c. ... Evaluación de Impacto Ambiental.
   d. Todas las opciones son incorrectas.

3. **Las etiquetas que representan que un producto es reciclable pertenecen a la categoría:**

   a. Tipo I.
   b. Tipo III.
   c. Tipo II.
   d. Tipo II y III.

4. **¿Cuál es el último paso para el desarrollo de un SGA según la Norma ISO 14001?**

   a. Planificación.
   b. Certificación.
   c. Implementación y operación.
   d. Revisión por la dirección.

5. El consumidor verde son personas que...

a. ... pertenecen a una organización que respeta el medio ambiente.
b. ... son vegetarianas.
c. ... demandan productos ecológicos.
d. ... consumen energías renovables.

Bibliografía

Monografías

- ALONSO García, E. y LOZANO Cutanda, B.: *Diccionario de Derecho Ambiental.* Ed. Iustel. Madrid, 2006.

- CALVO, D., MOLLINA, M. T. y SALVACHÚA, J.: *Ciencias de la Tierra y del Medio Ambiente.* Mc Graw Hill. Madrid, 1997.

- CADRECHA, J.: *Medio Ambiente para todos: una respuesta práctica a la necesidad de una adecuada Educación Ambiental, con especial énfasis en cómo instaurar y certificar un Sistema de Gestión Ambiental.* Septem Ediciones. Oviedo, 2001.

- ECA Instituto de Tecnología y Formación S. A.: *Auditorías Ambientales.* Fundación Confemetal. Madrid, 2007.

- GÓMEZ Orea, D.: *Evaluación del impacto ambiental: Un instrumento preventivo para la gestión ambiental.* MundiPrensa y Editorial Agrícola Española. Madrid, 1999.

- JUSTE Ruiz, J.: *Derecho Internacional del Medio Ambiente.* Ed: McGraw Hill Interamericana. Madrid, 1998.

- NOVO, M.: *El Desarrollo Sostenible. Su dimensión ambiental y educativa.* Editorial Universitas S. A. Madrid, 2002.

- Organización Mundial de la Salud: *Aprovechamiento de efluentes: métodos y medidas de protección sanitaria en el tratamiento de aguas servidas.* Organización Mundial de la Salud. Ginebra, 1973.

Textos electrónicos, bases de datos y programas informáticos

- Asociación Española de Normalización y Certificación, de: <http://www.aenor.es>.

- Boletín Oficial del Estado, de: <http://www.boe.es>.

- Comisión Europea de Medio Ambiente, de: <https://ec.europa.eu/info/topics/environment_es>.

- FAO, Organización de las Naciones Unidas para la alimentación y la agricultura, de: <https://www.fao.org/home/es>.

- ISO, de: <https://www.iso.org>.

- Ministerio de Agricultura, Pesca y Alimentación, de: <https://www.mapa.gob.es/es/>.

- Ministerio para la Transición Ecológica y el Reto Demográfico, de: <https://www.miteco.gob.es/es/>.

- UNESCO, ODS, desarrollo sostenible, de: <https://www.un.org/sustainabledevelopment/es/objetivos-de-desarrollo-sostenible/>.